CONSEIL D'ÉTAT

RECOURS COMME D'ABUS

CONTRE DEUX ORDONNANCES

DE

S. EM. LE CARDINAL MORLOT

ARCHEVÊQUE DE PARIS

EN DATE DU 16 AVRIL ET DU 15 MAI 1862

MÉMOIRE DÉTAILLÉ

DE M. L'ABBÉ ROY

CURÉ DE NEUILLY

Paris. — Imprimerie de L. MARTINET, rue Mignon, 2.

CONSEIL D'ÉTAT

RECOURS COMME D'ABUS

CONTRE DEUX ORDONNANCES

DE

S. EM. LE CARDINAL MORLOT

ARCHEVÊQUE DE PARIS

EN DATE DU 16 AVRIL ET DU 15 MAI 1862

MÉMOIRE DÉTAILLÉ

DE M. L'ABBÉ ROY

CURÉ DE NEUILLY

Paris.— Imprimerie de L. MARTINET, rue Mignon, 2.

MÉMOIRE DE M. ROY

CURÉ DE NEUILLY

OBSERVATIONS PRÉLIMINAIRES.

> Feci judicium et justitiam, non tradas
> me calumniantibus me.
>
> (Ps. cxviii, 121.)
>
> J'ai gardé l'équité et la justice, ne me
> livrez pas à mes calomniateurs.

Ce mémoire, presque tout narratif, soulève de graves questions que je n'ai pu qu'effleurer. Mais avant de le soumettre à mes juges, je voudrais tâcher d'en éclaircir ici quelques-unes. Celles qu'il me paraît utile de dégager d'avance de toute obscurité se rapportent : 1° à la juridiction épiscopale ; 2° à la compétence du conseil d'État dans les pourvois comme d'abus intentés par un prêtre contre son évêque. On verra par là se préciser l'objet de ma requête, et l'on verra aussi que, dans les limites où je l'enferme, et dans la situation pénible et délicate qu'on m'a faite, j'exerce un droit sacré, sans manquer à aucun de mes devoirs.

J'ai souvent pris à partie, dans le cours de ce récit, M. le promoteur du diocèse, et qualifié assez sévèrement ses actes ; en avais-je le droit ? Examinons d'abord cette question ; elle nous aidera à en résoudre beaucoup d'autres.

« Le gouvernement de l'Église, dit M. l'évêque d'Herson état l'expose bien plus souvent que sa conduite. Il fallait donc prévenir, par des pénalités, les écarts d'un faux zèle, plus communs peut-être dans la sphère ecclésiastique que dans le monde, par la seule raison que le zèle véritable, éclairé, prudent, vertueux, y est, en général, plus honoré et mieux récompensé.

De ces anciennes règles particulières à la juridiction ecclésiastique, j'en invoque une seule pour mon compte, celle qui me permet de discuter certains actes de cette juridiction, comme si l'évêque y était absolument étranger, et qu'ils fussent l'œuvre exclusive du promoteur. Sans cela, je n'aurais pas la liberté dont j'ai besoin pour les discuter et en faire ressortir le caractère injuste et calomnieux. La règle que j'invoque concilie le respect qui est dû à l'autorité épiscopale, qui reste en dehors du débat, avec le respect qui est dû à la défense, et j'ai d'autant plus le droit d'en user que M. le promoteur s'est, pour sa part, dispensé de toute espèce de règle.

Depuis que les tribunaux ecclésiastiques n'ont plus en France d'existence extérieure, politique, légale, on les consulte rarement; mais le promoteur fonctionne toujours, et c'est à l'oreille de l'évêque qu'il remplit son office. Mais il est à remarquer que l'État ne reconnaît plus en lui un officier judiciaire, et qu'il n'intervient pas dans son institution, comme il intervient dans celle des évêques, des archidiacres et des curés de première classe. Il en résulte que ce fonctionnaire ecclésiastique n'agissant plus sous le regard d'un tribunal instruit, respecté, permanent, et n'ayant presque jamais à craindre de contradiction publique, a peu à peu perdu de vue la nature et les limites de ses attributions. Placé auprès d'un juge que l'Église a investi, en certains cas, d'un pouvoir discrétionnaire, il oublie volontiers, lui aussi, les prescriptions légales et les formes de la juridiction contentieuse, et s'imagine qu'il participe de ce pouvoir discrétionnaire, qui est, par sa nature, incommunicable, et n'appartient qu'à l'évêque. M. Véron, par exemple, a, dans l'affaire qui me concerne, cumulé des fonctions que la loi civile, dans son domaine, et la loi ecclésiastique, dans le sien, ont soigneusement séparées; il a d'abord cumulé les fonctions d'accusateur avec celles de juge d'instruction ; puis l'instruction faite, il a repris son rôle d'accusateur, et s'est fait ensuite juge de l'accusation, puisqu'il siégeait, comme archidiacre, dans le conseil où ont été rendues contre moi les ordonnances archiépiscopales du 16 avril et du 15 mai. Ainsi, dans ma cause, on verra le même personnage à la fois juge et partie. Il ordonne l'enquête, fait l'enquête et s'arme de l'enquête contre l'accusé, en l'absence de l'accusé, qui ignore toute la procédure, et est condamné sans avoir été entendu. Mais ce qu'il y a de plus étrange, c'est la manière dont l'enquête a été faite.

Le principe de justice le plus élémentaire est qu'il faut arriver à la constatation de la vérité de la manière la plus sûre, afin que la vérité seule agisse dans l'âme du juge et enlève à sa décision, autant qu'il est possible, toute apparence d'arbitraire. Le juge instructeur cite les témoins et leur fait prêter serment; leurs dépositions sont écrites, non par ce magistrat, mais par un greffier, lues au déposant, puis signées, le tout à peine de nullité. Quand le juge instructeur a fait son rapport, ce document devient la base d'une espèce d'instruction nouvelle. On examine si toutes les formalités prescrites dans la recherche des preuves ont été observées ; on compare les témoignages ; on en étudie la valeur ; on a soin d'écarter ceux contre lesquels on pourrait exciper d'un moyen de nullité. Puis vient le jugement avec publicité où les mêmes précautions sont prises et même de nouvelles : communication préalable aux parties des pièces à charge et à décharge ; discussion contradictoire des preuves en présence de l'accusé ; serment des témoins ; confrontation des témoins entre eux ou avec l'accusé, à la demande de l'accusé. Défense d'appuyer le jugement sur aucun fait qui n'aurait pas passé par ces épreuves.

J'ignore jusqu'à quel point le droit canon permet au juge ecclésiastique de s'affranchir de ces formalités ou du moins de formalités analogues, lorsqu'il y va de l'honneur d'un prêtre et de toute son existence spirituelle et temporelle. Mais je lisais hier dans l'*Histoire ecclésiastique* de Fleury le fait suivant : « Deux évêques d'Espagne (c'est l'historien qui » parle), Janvier de Malaca et Etienne d'une autre église, » se plaignirent au pape saint Grégoire d'avoir été *déposés* » et chassés de leur siége par injustice et par violence. Il » envoya sur les lieux le défenseur Jean pour juger ces deux » affaires, comme délégué du saint-siége, et lui donna deux » capitulaires ou mémoires instructifs, dont le premier » porte : *s'il n'y a aucun crime prouvé contre l'évêque » Janvier, il doit être rétabli dans son siége* ; et celui qui » a été ordonné à sa place, étant privé de tout ministère » ecclésiastique, lui sera livré pour le tenir en prison ou » nous l'envoyer. Les évêques qui ont eu part à son ordi- » nation seront privés pour six mois de la communion du » corps et du sang de Notre-Seigneur, et feront pénitence » dans un monastère..... Quant à l'évêque Etienne, *il faut » premièrement examiner si le jugement a été rendu dans » les formes ; si les témoins ont été différents des accusa- » teurs ; s'ils ont déposé en sa présence et avec serment, » si l'on a écrit le procès ; s'il a eu la liberté de se défendre.*

» *Il faut examiner les personnes des accusateurs et des*
» *témoins : leur vie, leur condition, leur réputation;* si ce
» ne sont point des gens de néant, ou des ennemis de l'ac-
» cusé; *s'ils ont parlé par ouï-dire, ou de science cer-*
» *taine; si l'on a prononcé la sentence en présence des*
» *parties. Que si quelques-uns des chefs d'accusation n'ont*
» *pas été prononcés, il faut examiner si ce sont les plus*
» *légers ou les plus griefs.* Le reste est semblable à ce qui
» regarde Janvier. *Mais ces règles de procédure sont re-*
» *marquables.* » (Fleury, *Hist. eccl.*, t. VIII, liv. XXXVI,
p. 230, 231. Paris, 1727.)

Oui, ces règles de procédure sont remarquables, et on les
a observées depuis les temps apostoliques jusqu'à la fin du
XVIII⁰ siècle, non-seulement à l'égard des évêques, mais à
l'égard des simples prêtres, suivant l'expresse recommandation des conciles, car la dignité sacerdotale, si vénérable
dans la personne de l'évêque, ne saurait être méprisable
dans la personne du plus humble curé, qui la possède tout
entière, et le pasteur de la plus obscure paroisse n'est pas,
d'après les canons, moins respectable et moins invio-
lable dans sa sphère que le pasteur diocésain dans la
sienne.

Cependant, qu'on veuille bien le remarquer, je ne con-
teste pas à Mgr l'archevêque de Paris le droit absolu de
juger un prêtre, même sans l'avoir entendu, et sur le simple
rapport du promoteur ou de tout autre délégué de Son
Éminence. Mais, plus on étendra en ce sens le pouvoir
épiscopal, plus on concevra la nécessité de tracer au promoteur, qui n'est qu'un simple délégué, des règles sûres et
étroitement obligatoires dans la recherche de la vérité. Or,
quelles règles M. Véron a-t-il suivies dans son enquête?
Dépourvu par nos lois de tout caractère public, et n'ayant

pas le droit de citer personne à comparaître, M. l'accusateur, faisant office de juge d'instruction, s'est transporté
lui-même près des témoins qu'il lui a plu d'interroger.
A-t-il exigé d'eux un serment? En avait-il le droit? Avait-il
un greffier? A-t-il fait signer les dépositions? Ce que je sais
de l'enquête qu'il a faite, ce qu'on en lira dans ce mémoire,
tend à prouver qu'il n'a observé, non-seulement aucune
des formalités de la loi civile, ni aucune de celles qui sont
prescrites par les canons et rappelées par le pape saint
Grégoire, dans le passage qu'on vient de lire, mais encore
aucune de celles qui sont prescrites par le droit naturel,
la bienséance, l'honnêteté publique, et ces sentiments
d'équité qui suppléent même au silence des lois. Je veux
bien, néanmoins, qu'un évêque se contente d'une information ainsi faite, et qu'elle lui suffise pour prononcer sur
le sort d'un prêtre, mais dans la sphère purement ecclésiastique. Cela est grave assurément; mais enfin l'évêque
n'a pas de compte à rendre au pouvoir civil de l'usage qu'il
croit devoir faire, sous sa responsabilité, de son pouvoir spirituel.

Mais quand, au lieu de se borner à suspendre un curé
de ses fonctions ministérielles, sans en donner les motifs,
il invoque publiquement, à l'appui de cette mesure, on ne
sait quelle *situation affligeante* et *quelles circonstances
de notoriété publique*, et que ces phrases vagues qui n'arti-
culent rien et font tout supposer, sont de nature à nuire à
la considération du prêtre, non-seulement comme prêtre,
mais comme homme privé, et même à la considération
d'une famille; quand, allant plus loin, et à l'aide de la
même phraséologie qui semble pleine de réticences calcu-
lées, et n'est pleine que d'allégations inexactes, il déclare
une cure vacante, dépose un curé de son titre, qui est une

propriété reconnue par la loi civile, la question est de savoir si ces faits ne constituent pas un empiétement sur les droits de l'État, gardien de l'honneur de tous les citoyens et de toutes les positions laborieusement et légitimement acquises, et dignement gardées. En d'autres termes, je demande si l'État doit, pour ce qui le regarde, considérer et traiter comme *coupables* des ecclésiastiques frappés à la fois dans leur honneur et leurs moyens d'existence, par des jugements discrétionnaires, rendus au mépris de toutes les formalités qui protégent en France l'honneur et la besace du dernier mendiant.

S'il en était ainsi, on ne voit pas pourquoi le législateur aurait créé et institué des curés particulièrement inamovibles, car cette institution ne signifierait rien ; autant aurait valu dire dans la loi : Article premier : les curés de première classe seront inamovibles, s'il plaît aux évêques qu'ils le soient. Article deux : un jugement de l'évêque selon la formule *ex informatâ conscientiâ*, transmis au ministre des cultes, suffira à entraîner la déposition d'un curé inamovible. Si telle eût été la pensée du législateur, il n'avait pas besoin de faire une loi pour le dire ; on ne fait pas des lois purement négatives. La loi n'est intervenue que pour assurer au moins à un certain nombre de prêtres des garanties contre l'arbitraire et l'erreur toujours présumable des jugements discrétionnaires, en tant qu'ils pouvaient avoir effet sur la réputation et la position temporelle de ces prêtres. Je ne prends pas au pied de la lettre les articles organiques du concordat ; je ne crois pas que l'État ait voulu, comme on le prétend, se faire interprète des canons et juge souverain des décisions épiscopales, en matière de discipline. Non ! il laisse l'Église libre dans son domaine et à l'évêque le droit de juger seul et à huis clos, si bon lui semble, sans

témoins, sans contradiction, les prêtres qui, en entrant
dans les ordres, ont librement accepté cette juridiction.
On peut donc, sans le concours de l'État, et par des raisons
qui échappent à son appréciation, suspendre et interdire
un curé *à divinis;* mais quand il s'agit de le déposer et
de déclarer la cure vacante, on ne le peut pas faire sans le
consentement de l'Empereur. « Pour avoir son autorité
» propre dans les choses de la religion, l'Église, dit
» M. l'évêque d'Hermopolis, n'est pas indépendante dans
» les choses temporelles; on ne saurait contester au prince
» le droit de s'opposer à toute usurpation, à tout abus qui
» porterait la puissance spirituelle hors de ses limites. »
(*Des vrais principes de l'Eglise gallicane*, p. 175.)

Quelles règles l'État doit-il suivre pour faire fléchir à la
prière, et non sur la simple ordonnance de l'évêque, la loi
d'inamovibilité? Puisque l'État n'est pas juge des canons,
interprète des canons, et appréciateur compétent des faits
purement ecclésiastiques; puisque l'évêque lui-même ne
reconnaîtrait pas la légitimité d'une censure qui lui serait
infligée par l'État ou les tribunaux de l'État, relativement à
un acte de son pouvoir spirituel, il s'ensuit que l'État ne doit
juger les questions mixtes que par leur côté temporel, où il
est à son tour le juge le plus compétent. Et quand, sans
l'avoir consulté, un évêque déclare, par ordonnance, une
cure vacante, il semble que l'État peut lui dire : Tout ce
que vous avez fait dans l'ordre spirituel est sans doute par-
fait; mais la cure que vous proclamez vacante ne l'est
point, et le curé que j'ai agréé est encore à mes yeux
le vrai curé. Vos raisons d'agir sont excellentes; mais elles
ne sont pas les miennes, et je ne puis déroger à une loi
que pour des raisons de ma compétence. En avez-vous?
Nous les examinerons. Que reprochez-vous à ce curé? Si

c'est un délit, j'en demande la preuve, non pas telle qu'elle
a pu vous sembler suffisante, mais telle que je l'exigerais
pour congédier, non un curé inamovible, mais le dernier
de mes commis, dont aucune loi n'a proclamé l'inamovibilité. Si c'est le scandale, j'ai encore besoin d'examiner, à
mon point de vue, si ce scandale est véritable, et s'il est
l'ouvrage du curé ou l'ouvrage de ses ennemis. Je conviens
avec vous qu'il est d'intérêt public de déposséder un prêtre
indigne ; mais donnez-moi la preuve juridique que celui-ci
est indigne en effet. Quel est le délit? Où sont les témoins?
Ont-ils prêté serment? L'accusé les connaît-il? A-t-il pu
se défendre? Il est aussi, j'en conviendrai, d'intérêt public
qu'un curé ne donne jamais juste prise à la calomnie ;
mais avant de sacrifier ce prêtre calomnié, prouvez-moi
qu'il a donné juste prise à la calomnie.

Je ne suis pas jurisconsulte et je parle, en l'absence de
mon avocat, à des hommes profondément instruits qui me
redresseront si je m'abuse ; mais enfin, pour ce qui me
touche et dans toute semblable question, voilà, ce me
semble, le véritable rôle de l'État, s'il prétend maintenir
dans son esprit, sans empiétement ni exagération d'aucune sorte, la loi qu'il a faite. Il ne peut pas accorder à
un curé inamovible moins de garanties qu'à un officier, à
un magistrat, ou à tout autre fonctionnaire inamovible ;
que dis-je, moins de garanties qu'au plus obscur des
citoyens dans la moindre question qui intéresse un peu
sérieusement son honneur, sa fortune ou ses moyens
d'existence. Je comprends, je le répète, qu'il laisse à
l'évêque le droit de porter à l'extrême les rigueurs de la
discipline ecclésiastique contre un curé qui a eu le malheur
d'encourir sa disgrâce ; dans ces limites, c'est une question
à débattre entre ce curé, son évêque et le souverain pontife.

L'État y reste étranger, et il doit d'autant plus y rester étranger que la décision épiscopale est susceptible d'appel. On ne comprendrait pas qu'il s'empressât de prêter son concours à l'exécution, non pas provisoire, mais définitive, d'un jugement ecclésiastique que l'autorité suprême de l'Église peut infirmer demain. L'État n'est que juge temporel, et quand l'autorité diocésaine veut qu'il retire sa protection à un curé, il ne peut pas se départir des règles de droit commun qu'il s'est imposées, en cette matière, à l'égard des autres citoyens. En un mot, il ne peut pas, sans abdiquer, enregistrer purement et simplement les ordonnances de l'évêque.

Ce mémoire prouvera, je l'espère, jusqu'à la dernière évidence, que ma conduite est, au point de vue civil, et même au point de vue ecclésiastique, si l'État en était juge, à l'abri de toute censure méritée; que la procédure suivie contre moi ne serait admise en France par aucune espèce de tribunal régulier ; que je suis pur de toute faute, grave ou légère, soit envers les lois morales, soit envers mes supérieurs, soit envers qui que ce soit au monde.

Je déclare, en outre, que je n'ai saisi le conseil d'État que de la question temporelle, et en vue de prévenir une décision contraire à mes droits, décision déjà sollicitée de l'Empereur par l'autorité diocésaine elle-même. Pendant que je préparais mon pourvoi à Rome, l'autorité diocésaine a obtenu de Son Excellence M. le ministre des cultes un arrêté en date du 7 juin, tendant à m'évincer du presbytère, en vertu d'une loi de 1811. Cet arrêté, rendu à la diligence de M. le promoteur, non-seulement préjudicie à mes droits, mais porte atteinte à ma considération, puisqu'il est expressément basé, aux termes de ladite loi, sur le fait allégué *de mauvaise conduite.*

S..s vouloir impliquer en rien Son Excellence M. le ministre des cultes dans ce déplorable débat, je proteste avec énergie contre l'imputation injurieuse contenue dans son arrêté du 7 juin; rien dans la cause ne peut la justifier ; mais cet incident montre une fois de plus dans quelle voie dangereuse s'engagerait l'État, s'il ratifiait, les yeux fermés, des décisions prises par une autorité respectable sans doute, et très respectable, mais d'autant plus sujette à se tromper, en matière de qualifications légales et juridiques, qu'elle s'affranchit dans ses jugements de toutes les régles universellement adoptées par les juges séculiers dans tous les pays civilisés, et je ne crains pas de le dire , dans l'Église universelle, par tous les tribunaux ecclésiastiques.

Si, dans la précipitation du travail et sous l'émotion de certains souvenirs et de certains actes, je m'étais parfois écarté de la modération qu'il faut savoir apporter dans une juste défense, je prie mes juges de vouloir bien me le pardonner, en considération du fond si douloureux et si criant des choses elles-mêmes. J'en demande aussi très humblement pardon à Son Éminence, dont j'apprécie autant que personne les vertus et les droites intentions, mais qui, dans cette malheureuse affaire, a été certainement égarée par ses propres conseillers , et surtout par l'un d'eux.

MÉMOIRE

A la suite d'une procédure peut-être sans exemple dans les fastes de l'église, j'ai été, le 6 février 1862, déclaré suspens de mes fonctions spirituelles de curé de Neuilly; le 16 avril suivant, M. l'abbé Manoury, mon premier vicaire, a été nommé et institué administrateur spirituel et temporel de ma paroisse; enfin une ordonnance archiépiscopale, datée du 15 mai dernier, a, au mépris des saints canons et de la loi civile, déclaré vacante la cure de Neuilly.

Le simple exposé des faits qui ont servi de prétexte à ces poursuites et à la mesure qui les couronne, suffira à mettre en évidence l'illégalité fondamentale de cette mesure, contre laquelle je proteste au nom de la vérité, de la morale et du droit. Mais avant de me pourvoir auprès de Son Excellence M. le ministre des cultes, à l'effet de saisir le conseil d'État de l'appel que j'entends former, et forme expressément par le présent mémoire, contre l'ordonnance archiépiscopale du 15 mai dernier, avant de donner ainsi à certains actes de l'administration diocésaine une publicité regrettable sans doute, mais nécessaire, je me suis demandé s'il ne serait pas plus sacerdotal et plus chrétien de boire le calice et de me taire. Je dois donner dès à présent les raisons qui m'ont déterminé à passer outre, puis j'entrerai immédiatement dans le récit des faits.

I

Cas de conscience.

La soumission aux supérieurs est une règle sage, et il faut savoir la respecter, même quand elle blesse : cela est bon, cela est noble et doux, et je l'ai moi-même souvent conseillé à d'autres. Mais je ne suis pas ici le seul accusé. Il y a, dans l'espèce, une femme, une mère, dont l'honneur est compromis ; des enfants dont Dieu m'a fait le protecteur et que je livrerais par mon silence à des douleurs qu'ils peuvent à peine comprendre aujourd'hui. Le sacrifice de ma propre réputation, au lieu d'être un acte de vertu, serait un crime, s'il devait compromettre injustement la réputation d'autrui. La loi divine interdit le faux témoignage, et tout le monde sait qu'il est des cas où le silence devient un témoignage, et le plus accablant de tous.

Le plus grand coupable, d'ailleurs, en cette affaire, s'il y avait un coupable, n'est pas un simple particulier ; c'est moi, prêtre, ayant charge d'âmes, et sexagénaire ; la faute qu'on a l'air de m'imputer ne saurait être, vu les circonstances, un égarement passager ; il faut, pour la rendre vraisemblable, incriminer toute ma vie depuis vingt ans. J'en rougis, mais non pas de honte. Je me sens, Dieu merci ! tellement au-dessus d'un semblable soupçon, que je me tairais volontiers par mépris pour l'accusateur et par respect pour l'autorité abusée, s'il n'y allait que de ma personne, de mes intérêts, de mes droits, de mon orgueil et même de mon cœur. Mais un prêtre séculier n'est pas un moine vivant entre quatre murs ; les peines qu'on

lui inflige, quand elles sont publiques, produisent de tout
autres effets que celles dont le retentissement ne sort pas
du cloître. Que les évêques y prennent garde ; le monde
est là : il ne suffit pas de briser un curé, même incom-
mode ; cela est facile ; un curé n'est qu'un roseau, surtout
en France ; mais quand on l'a brisé, tout n'est pas fini,
tout commence.

Ceux qui n'ont aperçu de loin, au bout de tout cela,
qu'une place à prendre ou à donner, n'ont pas su ce qu'ils
faisaient. Ils ont bien vu, avec l'œil de la chair, qu'un vicaire
peut prendre l'étole et remplir au chœur la stalle du curé ;
mais ils n'ont pas mesuré la place que le curé occupe, dans
l'ordre moral, au sein de sa paroisse. Ils ont pensé, du
moins, que le scandale qu'ils allaient faire ne tournerait
que contre moi, que je donnerais ma démission et qu'on
n'en parlerait plus. Il y a des gens qui ont la vue courte,
et le mal qu'ils font dépasse toujours leur attente. C'est
contre le clergé que le scandale a tourné.

Je ne puis donc pas souscrire à ma déposition et m'en-
fuir comme un coupable. Je ne dois pas laisser plus longtemps flétrir en ma personne, ou à propos de moi, la vieillesse et le sacerdoce. Il ne m'est pas permis d'assister
silencieux à cet ébranlement de la foi, de la charité, du
respect, dans les âmes que j'avais mission de sauver.
Comme cela serait édifiant ! De peur de déplaire à quelqu'un, j'irais, par une démission muette, confirmer dans
l'erreur ceux qu'on a si légèrement conduits sur la pente
de l'erreur ! Je n'ai lu nulle part dans l'Écriture de semblables conseils. Dieu ne commande à personne le faux
témoignage par abstention, le mensonge par prétérition,
la dissimulation par courtoisie ; il est la vérité et la justice

mêmes, et malheur à ceux qui l'oublient! Je me défendrai donc; je montrerai, clair comme le jour, que la religion de Son Éminence a été trompée, et comment, et par qui.

Le cas de conscience que j'examine se résume dans le dilemme que voici : lequel des deux est le plus lamentable pour l'Église, la foi et les mœurs, ou de faire croire au public qu'un curé sans reproche a manqué à tous ses devoirs, ou de prouver que ce curé est innocent et qu'on a surpris la bonne foi de son évêque? Posée en ces termes, la question ne laisse aucun doute dans mon esprit : il est bien évident que l'erreur d'un évêque, quoique très réelle, a, dans l'espèce, mille fois moins de gravité que la faute imputée au dernier de ses prêtres, et que dénoncer cette erreur, ce ne sera pas scandaliser l'Église, mais plutôt la consoler. Je m'en rapporte à tous les théologiens, à commencer par Monseigneur lui-même.

II

Les faits.

C'est en 1828 que j'ai reçu les ordres : il y a, par conséquent, trente-quatre ans que j'exerce, dans le diocèse de Paris, le saint ministère, sans avoir encouru jusqu'en ces derniers temps un reproche de mes supérieurs. Depuis le jour de mon ordination jusqu'en 1855, j'ai été employé sans interruption, non dans les villages, loin des regards de l'autorité, mais dans les paroisses de la ville métropolitaine, et chacun de mes déplacements, très rares d'ailleurs, a été une récompense. **De Saint-Louis d'Antin, où j'ai rem-**

pli près de neuf ans les fonctions vicariales, Mgr de Quélen m'envoya, en qualité de deuxième vicaire, dans la paroisse de Saint-Paul, alors gouvernée par l'abbé Roy, mon parent et tuteur, une des lumières de ce diocèse. Après la mort de M. Roy, le vertueux prélat, qui avait été son ami, devina ma douleur et me fit passer dans la paroisse de Saint-Germain des Prés. J'y ai occupé, durant quatorze ans, le même poste que j'avais à Saint-Paul, estimé de tous mes collègues, estimé de mes supérieurs, estimé, j'ose le dire, des trois martyrs qui ont précédé sur ce siége S. Em. le cardinal Morlot. L'un d'eux, Mgr Sibour, m'en a donné des preuves touchantes; je ne parle pas d'une lettre que je conserve dans mes modestes archives, et qu'on lira aux *Pièces justificatives* (1); mais voici qui est plus clair que toutes les paroles : c'est ce même prélat, si pieux et si vigilant, qui m'a nommé, en 1854, premier vicaire à Saint-Philippe du Roule, et promu, l'année suivante, à la cure de Neuilly. On voit que je ne cache point mes traces; je les indique à ceux qui voudront les suivre.

Quelques mots maintenant de mon entourage; ce n'est pas sans chagrin que j'aborde ces détails : il y a, dans chaque famille, des secrets douloureux où le public n'a pas le droit de pénétrer; mais quand un procès vous est fait dans l'ombre, et qu'à la suite d'un jugement occulte, une décision épiscopale, lue en chaire, tend à substituer à la pure vérité des mensonges déshonorants, il faut bien, quoi qu'il en coûte, remettre les choses à leur place.

Un de mes frères, le plus jeune, s'est marié le 26 octobre 1841; j'étais alors vicaire à Saint-Germain des Prés. A partir du jour du mariage jusqu'au 1ᵉʳ juillet 1854, c'est-

---

(1) Voy. la pièce 1 et les pièces 2 et 3.

à-dire pendant treize ans, les deux époux ont vécu ensemble
sous mon toit, du consentement de mes supérieurs. Des
raisons graves avaient rendu cet arrangement nécessaire.
Sans être riche, je possède une aisance qui manque à mon
frère, et je m'estimais heureux de pouvoir l'en faire jouir.
Il m'eût été, d'ailleurs, impossible de lui assurer loin de
moi, et surtout d'assurer à son ménage, ce modique bien-
être que je devais pourtant m'efforcer de lui procurer.
Le tenter seulement m'eût fait accuser d'imprudence. On
sent que je touche ici à la blessure; mais j'y toucherai
légèrement; je n'irai pas, pour ma défense, accuser ce
frère que j'ai tant aimé, que j'aime encore, et qui, de
son côté, malgré les inqualifiables démarches faites auprès
de lui par M. le promoteur du diocèse, ne m'a jamais
adressé et ne m'adresse aucun reproche. Tout ce qu'il m'est
permis de dire ici, c'est qu'il avait grand besoin d'un père,
et que je l'ai été pour lui comme pour sa femme et ses enfants, dans toute la noblesse du terme et avec le plus profond sentiment des devoirs que ce titre impose. Si ce ménage a été troublé, s'il ne s'est pas dissous dès les premières
années, c'est grâce au respect que les époux avaient pour
moi, et à la juste autorité de mon âge et de mon caractère.
Je n'avance rien dont je n'aie entre les mains d'irrécusables
preuves, et qui n'ait eu, d'ailleurs, des témoins respectables, prêts à en déposer. Mes supérieurs d'aujourd'hui ne
sauraient entièrement l'ignorer, puisque j'aperçois parmi
eux M. l'abbé Buquet, vicaire général, qui a élevé mon
pauvre frère, et qui nous connaît l'un et l'autre depuis
près de trente ans.

Au mois de juillet 1854, ayant été, comme je l'ai dit,
nommé premier vicaire à Saint-Philippe du Roule, mon
infortuné frère refusa de me suivre avec les siens dans cette

nouvelle paroisse. La frivolité des motifs sur lesquels il appuyait son refus, et leur étrange nature suffiraient amplement à éclaircir, si je les révélais, le problème psychologique que je me contente d'indiquer. Ni mes raisons ni mes prières ne purent vaincre sa résistance. Dans mon embarras, je me rendis à l'archevêché et pris conseil de M. Buquet lui-même, déjà vicaire général. Tout fut pesé, l'intérêt des époux, l'intérêt des enfants, les convenances domestiques, les convenances sociales et, avant tout, les convenances de mon état, que M. Buquet, on l'avouera, n'était pas homme à oublier. Si je partais seul, la séparation des époux n'en était pas moins inévitable, et ma vertueuse belle-sœur allait se trouver seule et délaissée, avec deux enfants à élever. Comme elle touchait à la quarantaine, qui est l'âge où les canons permettent même à l'étrangère l'habitation du presbytère, il parut plus convenable à tous égards, plus décent et plus charitable, qu'elle m'accompagnât. « Allez, me dit M. le vicaire général, et » emmenez avec vous la femme et les enfants. » Ce furent ses propres paroles.

Il y avait environ un an que la famille de mon frère, séparée de son chef, habitait près de moi, et cette situation était, comme on le voit, connue de l'autorité et parfaitement régulière. Elle ne souleva donc pas la moindre objection, elle ne fut pas même l'objet d'une remarque, lorsque je fus élevé, au mois de mai 1855, aux fonctions curiales, dans la commune de Neuilly. C'est là que m'attendaient les épreuves. Mais avant d'ouvrir ce chapitre, qu'il me soit permis de jeter encore un coup d'œil sur ce foyer aujourd'hui presque désert, sur cette vie à la fois si tranquille et si laborieuse, à laquelle tant de consolations semblaient promises, et qu'on a remplie de tant d'amertume.

On le sait à Neuilly : ma maison était toujours ouverte, mon clergé admis à ma table et dans mon intimité. Quantité de pères de famille, parmi les plus instruits et les plus respectables, m'honoraient de leurs visites et me sont restés fidèles. Qu'on parle à qui l'on voudra de mon caractère : on pourra m'accuser de l'avoir trop vif, trop ouvert, trop franc, pour mieux dire, ce qui m'a nui souvent, ce que je me reproche, ce qui, toutefois, n'est pas d'un homme qui a quelque chose à redouter, et quelqu'un au monde à flatter ; mais nul ne m'accusera d'avoir négligé une heure les devoirs de ma charge, l'assiduité aux offices, la décence des cérémonies religieuses, la prière, les saintes joies qu'on goûte dans la maison de Dieu, quand on y porte une âme tranquille, et le soin des malades et des pauvres. Il ne m'appartient pas de me glorifier comme saint Paul de ce que j'ai pu faire (1) ; Dieu, après tout, ne me demandera compte que de ce qu'il m'a donné. On trouvera sans peine, même au fond des campagnes, des prêtres plus éclairés que moi, plus éloquents, plus patients, ayant mille vertus que j'admire et que j'envie ; mais pour la pureté des mœurs je ne crains la comparaison avec personne, et il n'y a aucun orgueil à le dire, car c'est exactement comme si je disais : J'ai la foi, et je montais tous les jours à l'autel.

(1) IIe Ép. aux Cor., XI.

III

Mes accusateurs.

C'est une étrange accusation que celle qu'on a fait planer sur moi ; elle ne repose ni sur un fait, ni sur un geste, ni sur une parole, ni sur un écrit quelconque émané de moi, et ayant de près ou de loin une apparence criminelle. Le délit est absent et l'on en chercherait en vain la trace. Nul ne vient dire : J'ai vu de mes yeux telle action ou entendu de mes oreilles tel mot suspect. Non ! Dieu merci, rien d'approchant n'est à ma charge. Ceux qui m'attaquent se bornent à dire qu'il court un bruit fâcheux sur mon compte, et cela n'est que trop vrai, puisque ce sont eux qui le font courir ; mais leur voix était sans écho, et sur 15 000 paroissiens vous n'en trouverez peut-être pas 50 qui l'aient accueilli avant le jour néfaste de ma condamnation.

D'où viennent donc ces calomnies dont on veut me rendre victime ? J'en puis montrer la source, mais d'accusé, je deviendrais accusateur ; c'est ici, comme il arrive quelquefois, une impérieuse nécessité de la défense.

En effet, on me dit : Innocent ou coupable, peu importe ; nous ne voulons point aller au fond des choses. Un prêtre ne doit pas même être soupçonné, et vous l'êtes : voilà ce qu'on vous reproche. On m'applique, en conséquence, cette loi des suspects qui du malheur d'être injustement accusé faisait un crime, et de la dénonciation anonyme une preuve du crime ; on me l'applique dans toute sa rigueur, car on me condamne à la mort ecclésiastique, et l'on m'exécute publiquement dans mon église.

J'ai donc le droit de dire au juge d'appel ce que le premier juge a refusé d'entendre : Suis-je véritablement suspect? A qui suis-je suspect? Pourquoi suis-je suspect? Il ne suffit pas d'invoquer contre moi, même en chaire, une certaine *notoriété publique*, comme on l'a fait dans l'ordonnance archiépiscopale du 16 avril ; j'oppose à cette déclaration les témoignages les plus nombreux, les plus respectables, les plus imposants de la commune ; témoignages écrits et signés. Si l'on parle de *notoriété publique*, il n'en est pas de mieux constatée que celle qui dépose en ma faveur. Cependant on passe outre, et dans l'ordonnance du 15 mai, on assure que *ma présence* à Neuilly est devenue *préjudiciable* aux intérêts de la religion, à cause des *impressions* qu'elle y a fait naître. Je demande sur quels témoignages repose une si grave assertion. Cette ordonnance du 15 mai me juge, me condamne, me flétrit, me dépouille, me déclare indigne, sans alléguer, à l'appui des faits qu'elle énonce, ni témoins ni preuves. On dirait que ces accusations sont autant d'articles de foi qu'elle a droit d'imposer à la croyance du public et du juge d'appel.

Je le déclare, cependant, et je supplie le conseil d'État de vouloir m'en croire : je subirais avec tristesse, mais courageusement, les conséquences de la situation où ces deux ordonnances m'ont placé, si cette situation fâcheuse était, à un degré quelconque, mon ouvrage ; c'est-à-dire si les *impressions* dont on parle étaient nées spontanément, dans la plus minime portion du public, par ma faute, à la vue d'actes imprudents ou équivoques dont j'aurais donné le spectacle. C'est bien là, en effet, ce que feraient supposer les ordonnances. Mais si je puis prouver qu'il n'en est rien;

Si je puis prouver que ces *impressions* qu'on allègue contre moi ont été semées à dessein par trois personnes bien connues de l'archevêché;

Que la première de ces personnes, je les range ici dans l'ordre chronologique, n'a été mue que par un sentiment d'envie et de rancune; et que l'indignité de sa conduite envers moi a été constatée, dès le début, par l'autorité civile et l'autorité ecclésiastique; que l'administration diocésaine elle-même m'a engagé alors, en 1856, à ne rien changer à ma manière de vivre, et *à ne faire* AUCUNE CONCESSION *à la calomnie;*

Si je prouve ensuite, pièces sur table, que ce système de diffamation publique et clandestine a été repris, l'année suivante, par un homme indigne de l'habit qu'il portait et du ministère qu'il remplissait, et que cet homme, néanmoins, a été maintenu près de moi, malgré mes remontrances, pendant deux ans;

Si je prouve qu'il a eu pour successeur un autre homme qui a osé porter la calomnie jusque dans la chaire; que ce troisième personnage a osé dire tout haut, à plusieurs reprises, et devant témoins, qu'il parlait et agissait de la sorte *en vertu d'ordres supérieurs;* qu'il a été, en effet, maintenu près de moi, pendant plus de deux ans, malgré mes plaintes et celles de mes vicaires;

Si, dis-je, je prouve l'un après l'autre tous ces faits, à l'aide de documents officiels et irrécusables, où sera le coupable? que deviendra l'accusation?

Il n'y a pas à l'archevêché, il n'y a pas dans l'honorable assemblée qui va juger mon pourvoi, il n'y a pas, en un mot, dans les postes les plus élevés et les plus respectés de la terre, d'homme vertueux, de sage, de saint même, dont la réputation pût résister cinq ans, sans en être au moins effleurée, à de pareilles attaques. Il sera toujours facile de créer contre un honnête homme, par de tels moyens, une fausse notoriété, une opinion factice, et ici une seule chose a droit d'étonner, c'est que ces fausses impressions, nées de suggestions artificieuses, soient restées enfermées, après cinq ans, dans un cercle presque invisible.

Je déclare donc que je suis en mesure de faire, dès à présent, toutes les preuves que j'annonce. Mais avant de prendre ce rôle offensif, j'ai besoin d'y être autorisé par le conseil.

Si cette liberté ne m'était pas accordée, le conseil, en ce cas, trouvera juste de n'admettre à ma charge aucun document qui ne m'aurait pas été communiqué, aucune assertion qui n'aurait pas été contradictoirement vérifiée.

Venons à l'enquête.

IV

L'enquête.

Cette prétendue enquête, commencée en janvier 1859, a duré plus de quatre mois, et je n'en ai eu personnellement connaissance que par l'émotion qu'elle a causée et les rumeurs qui m'en sont revenues. Pour une information rapide et purement sommaire, on comprend ce silence à l'égard d'un prévenu ; quelquefois la prudence le conseille, quelquefois aussi le respect. S'il ne se fût agi, par exemple, que de constater l'opinion bonne ou mauvaise que mes paroissiens avaient de moi, c'était chose facile en moins d'une semaine; il y a, dans chaque commune, surtout pour un curé, une espèce de jury naturel dont le verdict, sagement consulté, est presque toujours infaillible. Il y a d'abord le clergé, les marguilliers, le conseil municipal, le juge de paix; il y a aussi les membres des corporations et des confréries religieuses; puis les instituteurs et institutrices laïques qui, en rapport continuel avec l'église et avec les familles, ont tant d'intérêt à voir un pasteur exemplaire; il y a enfin les notables. Les visiter tous est inutile; mais, pour ce qui me concerne, les eût-on visités tous, sans m'en instruire, je n'aurais eu, on le verra plus tard, qu'à me louer de cette épreuve. On n'a rien fait de pareil. Quel était donc le but de cette enquête? Au milieu des ténèbres dont elle s'est enveloppée, il est facile de le saisir.

Au lieu de s'informer discrètement de ma réputation, on a, dès le début, donné à l'enquête l'apparence d'une poursuite. En d'autres termes, on a questionné les gens sur les secrets de mon foyer, sur la pureté de ma vie intérieure, et M. le promoteur, en questionnant, a feint de me croire coupable; je dis qu'il l'a feint, car s'il avait eu, dès l'origine, un seul fait à ma charge, et, pour l'établir, un seul témoin digne de foi, toute la peine qu'il a prise était superflue; il avait de quoi me faire condamner; moi seul, en pareil cas, j'aurais pu avoir intérêt à réclamer l'enquête, soit pour prouver la fausseté de ce fait, soit pour faire apprécier la moralité de ce témoin. J'ai donc le droit de dire que ce premier témoin manquait, et cependant il est certain que M. le promoteur agissait et parlait comme si ce témoin eût existé. Or, quand une enquête prend une pareille tournure, il est étrange que le prêtre qui en est l'objet n'en ait pas été averti, et qu'on ne l'ait pas mis en demeure ou d'avouer sa faute ou de confondre ses dénonciateurs. Non-seulement je n'ai pas été averti de la poursuite, mais je n'ai reçu auparavant aucun reproche, aucun avis, même officieux, touchant la régularité de ma conduite. La justice l'eût exigé, et par-dessus tout la charité. Une enquête qui n'est pas, dans le commencement, mieux motivée, et qui prend néanmoins un tel caractère, est une véritable injure que tout prêtre et tout homme de bien ressentiront. Plus elle dure, plus elle devient inique, puisqu'elle donne à supposer à ceux qu'on interroge que vous êtes au moins gravement suspect, qu'elle mine votre crédit, et tend à déshonorer votre ministère. Pendant que vous dormez, l'autorité elle-même s'en va, à votre insu, de porte en porte, dire aux gens de se méfier de vous. Cela s'est-il jamais vu? Est-ce permis ? C'est pourtant ce qui a été fait. N'ayant à m'opposer ni une action, ni une parole, ni un écrit, ni un témoin honorable, on allait çà et là interrogeant qui l'on voulait, même les gens qui ne me connaissaient pas, sans souci d'éveiller dans certains esprits, par la nature même des questions, des soupçons odieux que la durée de l'enquête ferait grandir, et qui n'auraient pourtant d'autre fondement que l'enquête elle-même et sa durée. Qu'on le vît clairement ou qu'on ne le vît pas, chacune de ces visites créait un scandale, et à défaut de faits, à défaut de témoins, c'est ce scandale, né de l'enquête, qu'on se réservait à la fin d'invoquer contre moi. J'ai peine à me persuader que ce soit pour pareille fin que le pouvoir discrétionnaire a été institué dans l'Église. Il me semble, au contraire, qu'il est principalement destiné à prévenir ce mal, non à le faire et à l'étendre. Un procès en forme, un débat public et contradictoire auraient mille fois moins d'inconvénients. L'innocence, du moins, y plaiderait sa cause.

De toutes les personnes qui m'ont approché à un titre quelconque, et qui, par conséquent, pouvaient donner sur moi des renseignements utiles, il n'en est que trois seulement de qui je puisse dire avec certitude qu'elles ont été interrogées. L'une est madame la supérieure des sœurs de Charité de ma paroisse; l'autre est M. de Margerie, président de notre conférence de Saint-Vincent de Paul; la dernière..., je ne veux pas la nommer encore: mais un peu de patience, on la connaîtra dans un moment. Ce qui s'est passé entre M. Véron et les deux premiers témoins suffit à éclairer toute la procédure; ce qui s'est passé chez le troisième y jette un jour plus affligeant.

Au mois de... 1859, M. l'abbé Véron s'en va trouver la sœur Gosselet, alors supérieure de la communauté de Neuilly, sainte femme, l'amie et la confidente des pauvres de ma paroisse, que l'amour des pauvres avait souvent, et depuis longtemps, mise en rapport avec ma belle-sœur et avec moi. Comme elle était sur le point de changer de résidence, son témoignage, toujours si respectable, n'en devenait que plus sûr, n'ayant à ménager désormais que la seule vérité, et non des personnes qu'elle allait quitter pour jamais. M. le promoteur la prend à part et lui adresse sur mon compte des questions qui la font rougir; mais elle voit devant elle le représentant de l'archevêque; ce représentant de l'archevêque l'interroge, au nom de l'autorité épiscopale, sur des faits moraux qu'elle était, certes, en état d'apprécier avec autant de délicatesse et plus de sûreté que lui, et à toutes ses questions, elle répond : « Non! non! non! Vous allez faire du scandale, monsieur le promoteur. » Chose étrange ! Au lieu de réjouir M. l'abbé Véron, ces généreuses dénégations ne font que l'irriter ; il accuse la sœur d'aveuglement, et, comme elle continue à me défendre, il lui tourne le dos et s'en va ; il s'en va, sans même la saluer. J'ai entre les mains le témoignage de la sœur Gosselet (1).

J'ai aussi entre les mains le témoignage de M. de Margerie, et je vais, pour ce qui le concerne, laisser la parole à cet homme vénérable. M. de Margerie a maintenant soixante-douze ans, et il y a plus de quarante ans qu'il habite Neuilly. Dans la situation qu'on m'a faite, il ne m'appartient plus de louer personne ; je me bornerai donc à dire que ce témoin tient, par son éducation et sa fortune, à l'élite des habitants de la commune ; par sa piété et ses lumières à l'élite des fidèles ; par son inépuisable charité au peuple qu'il voit de près, visite, écoute, instruit et soulage tous les jours. Nul n'était donc mieux placé que lui pour émettre dans une pareille affaire, et à tous les points de vue, un jugement de quelque autorité. On va le voir fin avril, après quatre mois de bruyantes démarches. Or, voici en quels termes M. de Margerie raconte la visite de M. le promoteur et l'impression qui lui en est restée.

« Neuilly, 24 avril 1861.

» Monsieur le curé, par la lettre que vous m'avez fait
» l'honneur de m'adresser hier, vous me demandez de vous
» écrire quelques lignes faisant connaître l'impression que
» m'a laissée la visite de M. le promoteur, à pareille époque
» de l'année dernière, à l'occasion de l'enquête dont il était
» chargé. Voici cette impression ou plutôt voici les détails

____

(1) Voy. les pièces 4 et 5.

3

» de la visite elle-même; ils me sont restés présents comme
» s'ils étaient d'hier. M. le promoteur m'ayant invité à lui
» dire ce que je pensais de vous, je n'ai pas hésité à lui
» donner mon opinion en toute franchise et avec la chaleur
» d'un ami de la vérité avant tout. J'ai ajouté que cette
» opinion ne s'était pas formée de prime abord, mais par
» degrés, après mûr examen de votre caractère, de votre
» tenue et de votre conduite, tant au dehors que dans votre
» intérieur. Enfin j'ai dit que quiconque ferait ce que j'ai
» fait, arriverait au même résultat, c'est-à-dire à recon-
» naître en vous un digne prêtre, travaillant uniquement
» pour la gloire de Dieu et le salut des âmes de ses parois-
» siens, un prêtre qui, du matin au soir, ne s'occupe que
» d'une chose, ne rève qu'à une chose, le bien de son église
» comme moyen d'arriver au bien spirituel de son trou-
» peau. Quant à l'accusation spéciale dont vous étiez l'ob-
» jet, j'ai dit bien haut que c'était une odieuse et absurde
» calomnie, et que, dans mon opinion, si la pureté résidait
» quelque part à Neuilly, c'était surtout dans l'âme simple
» et primitive, dans l'âme d'enfant de notre bon curé. —
» M. le promoteur m'interrompant : Je vois bien, dit-il, que
» vous parlez comme un homme prévenu, je n'ai pas besoin
» d'en entendre davantage. —Je l'ai supplié de se rasseoir,
» lui représentant que j'avais le droit d'être cru ou au
» moins écouté, en raison de mon ancienneté dans le pays
» et de ma complète indépendance, et aussi en ma qualité
» de chrétien assidu aux offices et de paroissien admis à l'in-
» timité de M. le curé; que je demandais à être mis en pré-
» sence de ses détracteurs, me faisant fort de leur prouver
» qu'ils ne le connaissaient pas, n'ayant avec lui que des
» relations très rares et très distantes, et qu'ils n'étaient
» plus alors que les échos d'une aveugle malveillance; enfin

» pour donner à M. le promoteur une preuve irréfragable
» de ma parfaite sincérité, je lui ai offert de m'agenouiller
» devant lui, prêtre, et de lui déclarer en confession que je
» n'avais pas dit un mot dont ma conscience me fît le plus
» léger reproche. M. le promoteur ne s'est point rassis, et
» sans tenir aucun compte de ce que je venais de lui dire,
» il m'a quitté. — Une enquête ainsi faite est-elle une en-
» quête ? Quant à l'impression qu'elle m'a laissée, elle n'a
» pas besoin d'être qualifiée ; elle se qualifie d'elle-même.
    » Veuillez agréer, etc. »

On voit par ces exemples quel esprit a dirigé cette procédure. « Vous ferez du scandale, monsieur le promoteur, »
dit un témoin. « Une enquête ainsi faite est-elle une en-
» quête ? » dit un autre témoin. Cela résume tout, explique
tout, et il semble qu'il n'y ait plus rien à dire après ces
deux témoignages. Si l'on soutient qu'ils ne prouvent pas
complétement mon innocence, je l'accorde, car pour un curé
comme pour un vicaire-général, la complète innocence n'est
pas un fait susceptible de démonstration ; elle n'est connue
que de Dieu ; mais en revanche on m'accordera que ces témoignages prouvent clairement une chose, c'est que l'enquête n'a pas été dirigée avec le calme, la prudence et
l'impartialité que commandaient à M. le promoteur sa
situation et la mienne. Aussitôt qu'une voix s'élève en ma
faveur, M. Véron se bouche les oreilles, se récrie, s'en va,
oubliant un jour le respect qu'il doit à une femme, à une
sainte religieuse qui l'avertit du mal qu'il est en train de
faire ; un autre jour, le respect qu'il doit à un vieillard
béni des pauvres, qui offre de se mettre à genoux devant
lui pour confirmer en confession la sincérité de ses paroles.

On dirait, à l'entendre, que sa conviction était déjà formée au moment où il est entré chez la sœur Gosselet et chez M. de Margerie, et qu'il avait alors en main les preuves de ma culpabilité; mais s'il avait en main ces preuves, pourquoi continuer l'enquête? Pourquoi venir interroger d'honnêtes gens, lorsqu'on est d'avance résolu à ne pas les croire, s'ils parlent selon leur conscience, au lieu de parler selon l'accusation? Que signifie ce simulacre d'enquête? Si la conviction de M. le promoteur était formée, et solidement fondée, c'était assez; il eût dû s'arrêter, dans l'intérêt de la décence et pour l'honneur même de notre ordre.

Il ne s'est point arrêté. Où il est allé, j'ose à peine le dire, et si je n'avais derrière moi de bons et irrécusables témoins, je serais le premier à refuser d'y croire. Il est allé chez une personne assurément très en état de connaître la vérité, et qui est pourtant la seule au monde qu'il ne dût pas interroger : il est allé chez mon frère. On lui a dit que c'était un homme aigri par son isolement volontaire, aisé à émouvoir, et, en toute matière et en tout temps, d'un jugement peu sûr. Sur quoi l'a-t-il questionné? On le devine. Comment s'y est-il pris? Voilà le point. Il remarque d'abord, en entrant chez lui, et lui fait remarquer la modestie de son appartement, comparée au luxe qui, dit-il, règne à Neuilly; il lui parle, à ce propos, des toilettes de madame Roy, et d'insinuation en insinuation, voyant qu'on ne le comprend pas, il en vient à demander, mais en propres termes, à mon frère, s'il est sûr que ses enfants..... Ah ! monsieur le promoteur, y pensez-vous? N'avez-vous ni père ni mère, et tous les sentiments naturels vous sont-ils inconnus? Il est un délit domestique que la loi civile peut atteindre, mais qu'elle ne poursuit que sur la

plainte de la partie outragée. Ce délit domestique aurait
beau être, en quelque sorte, public, le juge séculier l'ignore,
si la partie lésée l'ignore elle-même ou feint de l'ignorer.
Il ne va pas, d'une main brutale, déchirer le bandeau sacré
qui couvre les yeux d'un père, même quand la femme est
certainement déchue. Il y a, d'ailleurs, sous cette question,
un mystère naturel dont le législateur défend absolument
de remuer les voiles. Et vous, monsieur le promoteur, qui
ne savez rien, car si vous aviez su quelque chose, cette visite eût été encore plus blâmable, puisqu'elle eût été inutile; vous, prêtre, agissant au nom de l'évêque, vous es-
sayez, par tous les moyens, de suggérer à un père des
doutes sur la légitimité de ses enfants. Cependant, que
répond mon frère à une question si inattendue, mais si nette
et si pressante? Ce qu'il a répondu plus tard à M. Buquet,
ce qu'il a écrit à d'autres personnes et signé de sa main:
que jamais pareil soupçon n'avait approché de son cœur.
Après cela, toute réflexion est inutile; elle ne ferait qu'af-
faiblir l'impression du récit (1).

A ces trois faits, j'en puis ajouter deux autres également certains, également déplorables. Premier fait :
un ecclésiastique éminent, que je nommerai au besoin,
a été interrogé par M. le promoteur, et M. le promoteur n'a pas craint de dire à l'archevêché que ce témoignage, d'un si grand poids, m'était contraire. L'illustre
ecclésiastique dont il s'agit donne à cette assertion un démenti formel. Second fait : M. le docteur Soyer, premier
adjoint du maire de Neuilly, avait été signalé à M. Véron

(1) Voyez la pièce cotée n° 7 aux pièces justificatives, et l'extrait de cette
lettre cité chap. XIV, du *Complément*. Voyez aussi, dans le même *Complément*, tout le chapitre IV.

comme un témoin à entendre, et M. Véron l'a en effet mis sur sa liste comme un témoin en ma faveur, mais sans l'avoir interrogé. Je demande s'il est permis de porter à la décharge d'un accusé des témoins qu'on n'a pas entendus. Si, par hasard, il est permis de préjuger les témoignages favorables, et de les mentionner *grosso modo* dans une procédure, rien n'a empêché M. le promoteur de préjuger, avec la même sagacité, les témoignages contraires, et de les mentionner, en beaucoup plus grand nombre, dans son dossier. Avec un pareil système d'instruction judiciaire, et devant un juge discrétionnaire ainsi informé, on peut sauver et perdre qui l'on veut ; on fera, à son gré, du coupable un innocent et de l'innocent un coupable.

Je ne sais rien de plus de cette prétendue enquête ; mais en voilà assez pour la juger. On y voit l'oubli des égards dus à mon ministère et à mon âge, sinon à mon humble personne ; des témoignages négligés, des témoignages suggérés, des témoignages supposés ; le mépris des règles les plus élémentaires de la justice et même du droit naturel. On fait durer plus de quatre mois cette dérision judiciaire, sans m'en dire mot, et pendant ce temps, comme si ce n'était pas assez des diffamations et des scandales du dehors, on tolère le scandale et la diffamation au sein même du sanctuaire. Six mois avant que commençât l'enquête, le 22 juillet 1858, M. X... m'écrivait, à propos de mes justes remontrances : « l'autorité me défend d'en avoir » peur (1). » Au début de l'enquête, cela est remarquable, en janvier 1859, la même autorité, s'il fallait l'en croire, l'engageait à me traiter tout haut de « misérable », et à la fin de l'enquête, lui reprochait de n'avoir pas encore

(1) Voy. la pièce 45.

ajouté cet excès à tant d'autres. C'est ce que M. X... me déclara, en pleine sacristie, dans un moment d'emportement. Il est vrai que M. Buquet désavoua M. X... (1); mais ce n'est pas M. Buquet qui donnait de pareils ordres ; c'est M. Véron, et s'il le niait, on prouverait à M. Véron qu'il a donné plus tard, par écrit, à ce même M. X..., qui l'a acceptée, une mission encore plus étrange, celle de surveiller et de lui dénoncer les démarches de son curé. La lettre que M. Véron a écrite à ce sujet, M. X... a osé la montrer à des gens qui en ont rougi, et qui en déposeront, si besoin est. Je nommerai entre autres, parmi ces témoins oculaires, le respectable curé d'Arcueil, qui était alors mon premier vicaire, et la révérende sœur Dutour, alors supérieure de la communauté de Neuilly, et aujourd'hui attachée, en la même qualité, à l'hospice civil de Versailles.

Ces dernières circonstances ont précédé l'enquête, accompagné l'enquête, et, quoique étrangères à l'enquête elle-même, achèvent de l'éclairer.

<hr>

V

Décision épiscopale.

Dans le courant du mois de mars, et pendant que cette prétendue enquête durait encore, M. l'archidiacre de Notre-Dame m'apprit verbalement que l'administration diocésaine, nonobstant la décision contraire prise en 1856, sous le gouvernement de Mgr Sibour, désirait que ma famille

(1) Voy. la pièce 47.

quittât le presbytère. Je priai respectueusement M. Buquet de vouloir bien faire comprendre à l'administration qu'il m'était impossible d'accéder à un pareil vœu, sans me diffamer, surtout à raison de l'enquête dont plusieurs personnes m'avaient déjà parlé. Le 31 mars, M. Buquet m'engageant, par écrit, à faire certaines concessions à M. l'abbé X....., mon second vicaire, « *dans l'intérêt de la paix* », ajoutait en *post-scriptum* : « Je dois vous dire que » l'on n'est pas revenu sur la détermination que j'avais été » chargé de vous communiquer. » Voilà une date certaine, et la première trace écrite du vœu récemment exprimé par l'autorité diocésaine. Mais il n'y avait rien de comminatoire dans la résolution qui m'avait été transmise ; c'était, par conséquent, moins un ordre qu'un vœu. Le fait n'en était pas moins très grave, car j'apprenais officiellement que j'étais accusé en apprenant que j'étais déjà condamné. La procédure sur laquelle on m'avait jugé sans m'entendre ne me fut point communiquée. A l'heure qu'il est, je ne la connais point.

Cette décision m'émut profondément. Elle me parut avoir quelque chose d'outrageant, surtout, je le répète, à raison de l'enquête, et je me demandai avec angoisse si j'étais, en conscience, obligé d'accepter ce nouvel affront. Chacun sait que la vie en famille n'est pas interdite aux clercs séculiers. Les conciles (1) ne chassent du presbytère que les femmes étrangères, mais ils y laissent entrer la mère et les sœurs, la tante et les nièces, reconnaissant par cette distinction et la fragilité et la dignité de l'homme dans le prêtre. Or, une belle-sœur n'est pas une étrangère ;

---

(1) Entre autres, le premier concile œcuménique de Nicée et le troisième concile de Carthage, dont la doctrine est reçue par toute l'Église.

elle peut résider avec son époux dans la maison curiale, et veuve ou délaissée, a droit d'y chercher asile. Ni les canons ni la morale n'ordonnent au prêtre de lui fermer sa porte. Il doit protection à ses neveux ; faudrait-il, pour les recueillir, qu'il les séparât de leur mère? La législation ecclésiastique a plus d'entrailles que cela. Il recueille la famille. Je n'avais pas fait autre chose, et ma conduite, sous ce rapport, était entièrement conforme aux lois de l'Église.

On me dira que c'est à l'évêque qu'il appartient d'autoriser la réunion d'un prêtre avec ses parents, même avec sa propre mère. Je le veux, et de ce côté-là encore, ma conduite était irréprochable ; elle avait reçu depuis vingt ans l'approbation de deux évêques, et la mesure tardive dont j'étais l'objet atteignait peut-être leur administration autant que moi-même.

Il est en cette délicate matière un autre principe de droit, inconnu sans doute comme tant d'autres à M. le promoteur : quand une de ces sociétés domestiques est régulièrement formée, l'évêque a moins de pouvoir pour la rompre qu'il n'en avait auparavant pour l'empêcher. Plus elle a duré, plus elle est digne de respect. Il faut alors, pour entreprendre de la dissoudre, prouver qu'elle a perdu le caractère charitable et moral qu'elle annonçait à l'origine et qu'elle a gardé si longtemps, puisqu'on l'a laissé vivre. Quand on ne peut faire cette preuve, on n'a aucun motif légitime de prendre à l'égard d'un prêtre vivant en famille, aucune mesure ayant l'apparence d'un blâme. Voilà le principe. Vous auriez beau dire qu'on accuse ce prêtre ; c'est un malheur pour lui ; mais si on l'accuse sans preuve, et que vous l'en punissiez, ce sera un malheur de plus et dont tout le monde souffrira. Ces accusations sont-elles si rares? Croit-on, pour ce qui me concerne, que

monseigneur Affre et monseigneur Sibour n'aient pas prévu
qu'il en viendrait? On n'entend que cela dans l'Église depuis dix-huit cents ans, ici à propos d'une nièce, là à propos
d'une cousine et même d'une sœur. Parlerai-je des étrangères ? La calomnie avec elles a plus beau jeu. Qui ména-
gerait-elle ? Elle n'épargne pas l'entière solitude et les saints
qui y vivent. Si l'on s'en rapportait à ces voix de l'abime,
et que pour les forcer à se taire, on résolût d'abattre quiconque elles désignent, nul d'entre nous ne resterait de-
bout. Heureusement il est d'usage qu'on soutienne l'honnête homme en butte à ces persécutions; la prudence le
conseille, la justice et la charité l'ordonnent, et l'on est
étonné d'avoir à apprendre ces choses à un magistrat ecclésiastique.

J'aurais compris jusqu'à un certain point que M. le promoteur conseillât à Son Éminence, à l'égard de ces sociétés domestiques, une mesure radicale applicable à la fois
à tous les prêtres de ce diocèse. Cela eût étonné tout le
monde, mais n'eût offensé personne ; prise envers moi seul
et dans les circonstances qu'on connaît, cette mesure ressemblait à une répression, et comme cette répression était,
à mes yeux, imméritée et, si j'ose le dire, irréfléchie, j'at-
tendis.

N'ayant manqué à aucun de mes devoirs, je me rappelai, pour me réconforter dans cette épreuve, les devoirs
de l'autorité elle-même et j'en conçus quelque espérance.

Je me rappelai que, dans la primitive Église, alors que
l'évêque, étranger aux affaires du siècle, vivait tout près
de son troupeau et connaissait toutes ses brebis, il ne con-
damnait jamais un clerc sans un débat contradictoire ; il
le mettait en présence de ses accusateurs, écoutait sa défense et prenait ensuite l'avis des juges assesseurs. Les

formes judiciaires peuvent changer, mais non les principes de justice. Les cours ecclésiastiques du moyen âge n'étaient pas présidées par l'évêque ; mais n'offraient-elles pas aux accusés toutes les garanties qui leur sont dues ? Les laïques, désertant le plaid seigneurial, accouraient en foule à leur barre où ils trouvaient, avec la science, les précautions tutélaires, les formalités, les régles qui protégent contre l'erreur et le justiciable et le juge lui-même. De ce que les officialités n'ont plus en France d'existence légale, il ne serait pas raisonnable d'en conclure que les évêques sont dispensés de suivre, dans leurs jugements, les lois et traditions de l'Église universelle. Le concile de Trente, qui leur donne en matière de discipline un pouvoir si étendu, a eu soin de leur rappeler qu'ils doivent être « des pasteurs et non des persécuteurs ». Ce saint concile les avertit, en maint endroit, qu'aucun d'eux n'est personnellement infaillible, et ne doit agir comme s'il l'était. Il suppose même que l'on pourra les traduire à leur tour en justice, soit pour leur doctrine, soit pour leurs mœurs, et le cas échéant, il veut qu'on pèse les témoignages des accusateurs, et qu'on s'assure d'abord s'ils sont eux-mêmes gens de bien. Cela voudrait-il dire, par hasard, que, dans le procès de leurs inférieurs, les évêques prêteront l'oreille au premier venu ? Je ne puis que rejeter loin de moi cette induction absurde. Évidemment le concile de Trente n'a point aboli l'ancienne discipline et les anciens canons, particulièrement ceux de Carthage et ceux de Constantinople concernant le jugement des clercs ; encore moins a-t-il aboli le Nouveau Testament et le précepte de l'Apôtre, qui dit formellement : « Veuillez ne recevoir aucune accusation contre un prêtre, » si elle n'est appuyée de deux ou trois témoins. » (Saint Paul, 1re Épître à Timothée, v.)

Ces réflexions me rassuraient, car où sont les témoins qui m'accusent? Qui sont-ils? Il ne suffit pas que M. le promoteur prétende les connaître; j'ai le droit de les connaître aussi et de les discuter. Pourquoi ne se montrent-ils pas? Il me semblait que l'autorité, avant de me frapper, aurait dû, dans son propre intérêt, les y contraindre. Auraient-ils peur de moi? Suis-je par hasard une puissance à faire trembler, je ne dis pas un homme, mais un enfant sûr de sa conscience? Plus j'y pensais, plus il m'était impossible d'admettre que l'autorité diocésaine consentît à maintenir une décision si grave, prise après une semblable enquête, sur la parole de témoins qui ne se nommaient pas ou qu'on n'osait pas nommer. Ce n'est pas de ces témoins-là que demande saint Paul. Comment les écouterait-on à l'archevêché? La police elle-même les méprise.

Je crus donc devoir par respect pour mes saintes fonctions, par respect aussi pour moi-même et non pas pour moi seul, différer l'exécution de cet ordre ; mais le 16 juin M. l'archidiacre Buquet m'écrivit que je devais avoir obéi avant le 1er juillet, « sous peine de retrait de pouvoirs ». Devant une telle menace, je m'inclinai (1).

Il fut donc loué une maison dans le voisinage du presbytère, et le 1er juillet 1859 ma famille y était installée.

(1) Deux raisons m'y déterminèrent : d'une part, j'avais demandé un jugement contradictoire, et on me le promettait, à condition que je me soumisse d'abord au jugement discrétionnaire déjà porté par Son Eminence; d'autre part, M. Buquet me disait, dans sa lettre du 16 juin : « Je vous engage, dans vos intérêts, à opérer cette séparation sans bruit; on ne pense » pas qu'il en résulte rien de fâcheux pour vous ; *il n'y aura plus rien à* » *dire.* » Ces juges qu'on m'avait promis, on me les a refusés ; ce repos qu'on m'annonçait, on ne me l'a pas accordé. (Voy. la pièce 8.)

VI

Le monitoire.

Mon obéissance ne désarma point la poursuite. Le zèle de M. X.... éclata un dimanche jusque dans la chaire, où la parabole du bon pasteur se changea sur ses lèvres en une diatribe contre moi. Que ne dit-il pas ailleurs? On sut tout et l'on souffrit tout. Vous chercheriez en vain une excuse à ces procédés administratifs ; placez-vous dans l'hypothèse la plus favorable : imaginez-vous qu'il s'agit ici, non d'un vieillard irréprochable, mais d'un jeune homme léger et justement suspect; même dans cette supposition, j'en appelle à tous les évêques, à tous les prêtres et à tous les chrétiens : est-ce là une pénitence? Non, puisque tout cela est contraire à l'ordre, à la charité, et d'un funeste exemple. Mais on avait en certain lieu conçu la pensée de m'obliger, par ces moyens, à renoncer à ma cure. Cette enquête insidieuse, cette séparation pendant l'enquête, ce déni de juges, ces sermons impies, ce venin tiré de l'Évangile, cet espionnage organisé, la sainte hiérarchie renversée, tout tendait à ce but secret. Dans l'impatience d'y arriver plus vite, M. l'abbé Véron lança contre moi, le 8 aout 1861, le monitoire suivant :

« Archevêché de Paris.

» Nous, vicaire général de Paris, archidiacre de Saint-
» Denis, agissant par délégation spéciale de Son Éminence
» monseigneur le cardinal archevêque de Paris ;

» Considérant que, *malgré des avertissements réitérés,*
» M. Roy. curé de Neuilly, continue d'avoir des relations
» fréquentes avec madame Roy, sa belle-sœur;

» Considérant qu'*il en résulte un grave scandale pour
» la paroisse de Neuilly et pour le diocèse;*

» Avons défendu et défendons par les présentes à M. Roy,
» curé de la paroisse de Neuilly, *sous peine de suspense
» encourue* PAR LE SEUL FAIT, et sous les autres peines de
» droit, de recevoir chez lui madame Roy, sa belle-sœur,
» de la visiter chez elle, et *d'avoir aucune relation avec
» elle* DANS TOUT AUTRE LIEU.

» Fait à Paris, au palais archiépiscopal, le huit du mois
» d'août mil huit cent soixante et un.

» Signé L. VéRON, v. g. »

On est heureux de ne pas trouver la signature de Monseigneur sur un tel document; dès le début, en effet, j'y relève..... une inexactitude. De ces *avertissements réitérés* dont parle le *monitoire*, je n'en ai pas reçu un seul, ni de la bouche de Son Éminence, ni de la bouche de M. Véron, ni par parole, ni par écrit, et je défie qu'on prouve le contraire. Quant au *grave scandale*, je le nie; ma paroisse n'a été émue que par la poursuite, et ma reputation a survécu à tout ce qu'on a dit et fait pour la détruire. J'en donnerai bientôt des preuves éclatantes. Pour le moment, j'ai hâte d'arriver au dispositif du *monitoire*; il est conçu avec un art qui épouvante. Me défendre une chose permise par toutes les lois divines et humaines, cela est exorbitant; et cependant j'admets qu'on ait ce droit, et que, malgré l'injure imméritée qui en rejaillira sur moi, on me défende de recevoir ou de visiter chez elle madame Roy, ma belle-sœur. Juste ou non, moral ou non, voilà du moins un ordre à l'inexécution duquel on peut attacher une peine, car il dépendra de ma seule volonté d'y obéir ou d'y désobéir. Mais si j'y obéis, le but qu'on se propose ne sera pas rempli ; en conséquence, on me défend, sous peine de suspense *ipso facto*, d'avoir avec ma parente *aucune relation*, voyez combien le mot est vague, non pas seulement chez moi ou chez elle, mais encore *dans tout autre lieu*. L'ordre ainsi conçu est tel que je ne suis plus maître de ne pas l'enfreindre ; on me mettra, si l'on veut, en défaut, malgré moi ; la peine seule est inévitable, puisqu'elle tombera désormais, non sur une désobéissance préméditée, mais sur une infraction accidentelle et tout à fait involontaire. S'il arrive que je rencontre ma parente dans la maison la plus respectable, même dans une église, et que nous échangions un signe de politesse ou un regard de connaissance, je serai suspendu. Si je la rencontre avec ses enfants dans une promenade, et que je lui parle, ou que je la salue, je serai suspendu. Si je vais en voyage et que je la rencontre dans un wagon ou dans un bateau, je serai suspendu. Nous avons des amis communs, et si je la rencontre au chevet d'un ami mourant, je serai suspendu. En vérité, tout cela n'est ni raisonnable, ni moral, ni permis, ni possible. Je me flattai d'en convaincre en peu d'instants M. le cardinal et lui demandai audience. Son Éminence, cruellement trompée dans toute cette affaire, ne chercha pas du moins à me tromper. Elle daigna m'avouer, dans sa réponse, que tout ce qu'on voulait, c'était ma démission. Voici sa lettre, datée du 9 août :

Paris, le 9 août 1861.

« Monsieur le curé,

» Si je vous voyais, *ce ne serait que pour vous engager*
» *à donner votre démission de votre titre de curé de*
» *Neuilly* ; mais vous êtes loin d'y être disposé. En consé-
» quence, une entrevue ne mènerait à rien ; il est préférable
» que les choses étant commencées suivent leur cours.

» M. le vicaire général promoteur est dans ses attribu-
» tions et agit conformément *au droit.*

» Croyez, monsieur le curé, à mes sentiments du plus
» sincère intérêt, et à tous les vœux de mon cœur.

» † F. N., card. archev. de Paris. »

Le respect me défend de discuter cette lettre ; j'aime, au
contraire, à en louer la franchise : c'est ma place qu'on
veut, et pour l'avoir, on dresse un filet sous mes pas. On
aura persuadé à Son Éminence que cela est *conforme au*
droit ; on lui a bien persuadé que j'étais à Neuilly un
sujet de scandale. Il m'importait, avant tout, d'éclairer
sur ce dernier point le docte prélat, et puisqu'il me re-
fusait une audience, je le suppliai humblement de vouloir
bien ordonner une contre-enquête. J'ignore si ma lettre
arriva à son adresse, car c'est M. Véron lui-même qui me
répondit dans les termes suivants :

« Paris, le 13 août 1861.

» Monsieur le curé,

» Je suis chargé par Son Éminence de vous déclarer, en
» réponse à la dernière lettre que vous lui avez adressée,
» que *l'autorité diocésaine est suffisamment informée*
» *quant à l'effet produit dans le public par vos relations*
» *avec madame Roy, votre belle-sœur.* En conséquence,
» l'intention formelle de l'autorité diocésaine est que vous
» vous en teniez, *sans aucune explication,* à la défense qui
» vous a été notifiée, *laquelle défense aura son plein*
» *effet, en cas de désobéissance.*

» Agréez, monsieur le curé, l'assurance de mes senti-
» ments RESPECTUEUX (1).

» P. VÉRON, v. g. »

Ainsi j'attaquais devant mon juge la validité de l'enquête, offrant de prouver qu'elle était l'œuvre de la malveillance et de la légèreté, et c'est M. Véron lui-même qui
me répondait que l'autorité, informée par lui, était suffisamment informée. Cela ne me parut pas aussi clair

(1) Je n'agrée pas ces *sentiments respectueux,* quand ils accompagnent
une injure. L'ironie, si c'en était une, serait ici bien mal placée. M. Véron,
qui, de peur du scandale, défend à un prêtre sexagénaire d'avoir aucune relation avec sa belle-sœur presque quinquagénaire, a lui-même une belle-sœur,
qui est jeune encore et depuis plus de dix ans en état de veuvage, et il en-
tretient avec elle et chez elle de fréquentes relations. Mais j'aurais honte
d'user de représailles, en cherchant à jeter sur un commerce si ancien et si

qu'à M. l'archidiacre, et dans l'espace de trois ou quatre jours, je me fis délivrer, par quelques-uns de mes plus notables paroissiens, des lettres testimoniales, constatant ma bonne renommée, et infirmant, par conséquent, les allégations du *monitoire*; puis je me rendis à Issy, auprès de l'archevêque. Je ne prétendais pas, à l'aide de ces pièces, dissiper en un moment le nuage de préventions qu'on avait amassé contre moi. Je venais, au contraire, réclamer de nouveau la contre-enquête, et à l'appui de cette juste demande, j'apportais une vingtaine de déclarations en complet désaccord avec les assertions de M. l'archidiacre. Ces déclarations, qu'on trouvera à la suite de ce mémoire (1), sont signées par des magistrats, par des fonctionnaires publics, par des conseillers municipaux, par des propriétaires, tous pères de famille résidant à Neuilly, témoins dignes de foi, car ils se nomment, et tel qui m'accuse s'estimerait heureux d'en avoir un jour autour de soi de pareils. Ce n'était là qu'un premier rayon de lumière jeté sur les ténèbres de l'enquête, mais assez vif pour rendre indispensable la contre-épreuve. Je le dis à regret : Mon-

légitime le moindre nuage. Je me borne à dire que M. Véron, par sa conduite envers moi, prépare à la calomnie des armes formidables contre lui-même. L'Église avait décidé à Nicée, à Carthage, à Constantinople, à Elvire, que de pareilles relations étaient *au-dessus du soupçon*; mais s'il est admis désormais que de pareilles relations ne sont pas, en effet, au-dessus du soupçon, quelle porte ouverte à la malice, à l'envie, à la haine! Et qu'est-ce que M. Véron pourra répondre à ses propres censeurs? Il n'est ni assez haut ni assez bas placé pour n'en avoir pas. Si le droit naturel, la sainteté des liens domestiques, les décrets formels des conciles ne protégent plus, en pareil cas, même la vieillesse, est-ce, par hasard, sa jeunesse et celle de madame sa belle-sœur qui le protégeront lui-même? Ce n'est pas contre moi, c'est contre lui qu'il a dirigé son monitoire.

(1) Voy. les pièces 27, 28, 29, etc., jusqu'à la pièce 44 inclusivement.

seigneur ne daigna pas en tenir compte, et ma supplique fut rejetée.

Je me retrouvai donc en face du *monitoire* et menacé de suspense par la généralité de ses termes, non-seulement pour un acte libre, mais aussi pour une rencontre fortuite et involontaire. A moins de se renfermer entre quatre mur, et de renoncer aux devoirs de la vie active, il était impossible à l'innocence la plus pure, au cœur le plus soumis, à l'obéissance la plus vigilante, d'échapper aux prévisions de ce *monitoire*. Si je brisais publiquement toute relation avec ma parente, je me donnais, quoique innocent, l'air d'un coupable, et si, ayant brisé ces honnêtes relations, je la rencontrais en un lieu quelconque et qu'on le sût, l'effet en serait pire, car cela passerait pour une rencontre cherchée et clandestine, et, cherchée ou non, la suspense était au bout. Dieu m'est témoin que je ne demandais qu'à obéir et qu'aucun sentiment de révolte contre l'autorité légitime de mon évêque n'est jamais entré dans mon cœur ! Mais contrevenir à un ordre inexécutable n'est pas un acte de révolte. Il faut, dit saint Paul, que l'obéissance soit raisonnable. Elle doit l'être surtout quand l'ordre ne l'est pas (1). Je fis de mon mieux, je vis ma famille moins souvent ; je continuai pourtant à la voir quelquefois mais sans mystère, chez moi, chez elle, au grand jour, voulant à tout prix qu'on ne pût jamais prêter à mes actions une apparence honteuse de clandestinité. Cette manière d'agir me parut la plus convenable, et, dans tous les cas, il n'était pas possible d'en falsifier le droit et franc caractère.

(1) On trouve la même recommandation dans le *Rapport de M. Portalis sur le concordat*. Il y est dit que les évêques ne doivent exiger des curés que des choses raisonnables, et c'est une des conditions du concours que l'État peut avoir à prêter aux décisions épiscopales.

Le 24 janvier 1862, je reçus sans étonnement une citation à comparaître, le jeudi 30 courant, devant le tribunal de l'officialité, sous l'accusation « d'avoir enfreint la » défense qui m'avait été faite et notifiée le 8 août de » l'année précédente (1). »

VII

Le tribunal de l'officialité.

Ce tribunal n'est plus que l'ombre des anciennes officialités. Il n'est pas permanent. Les juges qui le composent sont toujours révocables ; ils ne connaissent pas de toutes les affaires, mais seulement de celles qu'il plaît à l'évêque de leur déférer. Ce tribunal devient par là une espèce de commission *ad hoc*. Il fonctionne toujours à huis clos (2).

Je n'entends pas faire suspecter l'indépendance des honorables prêtres composant l'espèce de tribunal qui m'a condamné. Je n'en ai pas récusé un seul, et s'il se fût agi d'apprécier le fond moral de ma conduite, et les causes de

(1) Voy. la pièce 12.

(2) Voici, en outre, un petit détail purement historique : Ce n'est plus M. Véron qui remplit aujourd'hui les fonctions de promoteur, qui exigent, comme on l'a dit, tant d'expérience ; c'est un ecclésiastique de dix ans plus jeune que lui, M. Langénieux.

l'enquête, et les dépositions des témoins, et tous les faits d'où semble procéder la *monitoire*, je n'aurais pas souhaité d'autres juges que ceux qu'on m'a donnés. Mais il ne s'agissait pas de cela, et ce tribunal n'avait été réuni que pour constater une infraction matérielle et non contestée aux défenses du 8 août, et appliquer à cette infraction la peine prévue par les défenses. Sa compétence n'allait pas au delà. « Il est préférable, m'écrivait Monsei- » gneur, que les choses étant commencées suivent leur » cours. » On voit le cours qu'elles ont suivi. Pour le fond de l'affaire, qui seul est grave, point de juges ; tout se passe sous le manteau, sans contrôle, sans débat ; l'accusation seule est écoutée ; on ferme la bouche à la défense ; on lui cache la procédure. Pour une contravention sans gravité réelle, et rendue nécessaire par la nature de l'ordre du 8 août, on appelle des juges. Pour la faute que je nie de toutes les puissances de mon âme, on me condamne sans m'entendre ; pour la faute que j'avoue, et qui, par conséquent, si elle était punissable, pouvait être punie directement par l'évêque, en vertu de son pouvoir discrétionnaire, on a des scrupules ; on s'entoure de formalités, on nomme les témoins ; on rassemble l'officialité, afin de pouvoir donner à ma condamnation cette belle apparence de légalité, dont elle est, dans le fond, complétement dépourvue. Le tribunal devant lequel on m'assigne n'a pas à examiner les actes antérieurs au *monitoire* et à se préoccuper en aucune manière de la vérité des faits allégués dans ledit *monitoire*, ou dans la procédure d'où il est sorti. Il est obligé de partir de ce principe que tout ce qui a été fait auparavant a été équitable, juste et légal, et l'on comprend que, 'sous le poids de cette présomption, le résultat du délibéré était facile à prévoir.

Cependant, après avoir entendu avec une bienveillance manifeste mes explications sur tous les faits que j'ai déjà rapportés, mes juges hésitèrent à me condamner et dans l'espoir d'écarter ce fardeau de leurs épaules, ils m'engagèrent à faire un acte de soumission à Son Éminence, à m'en remettre à sa seule justice, et à solliciter de sa haute raison telle modification au monitoire qui pût, à l'avenir, le rendre exécutable; puis ils s'ajournèrent à huitaine, pensant que d'ici là tout serait arrangé. Séance tenante et pendant qu'ils délibéraient encore, j'adressai à Monseigneur, d'après leurs conseils, la supplique suivante :

« Paris, ce 30 janvier 1862, au prétoire de l'officialité.

» Éminence,

» Profondément touché des sentiments sacerdotaux des
» membres de l'officialité qui se sont montrés à mon égard,
» *non sicut dominos, sed patres*, je ne saurais mieux faire
» que de souscrire à leur conseil, en déclarant à Votre
» Éminence que, franchement et loyalement, je me sou-
» mets à toute décision émanant de votre autorité. Je m'en
» rapporte également à Votre Grandeur pour adoucir autant
» que possible les termes du monitoire du 8 août dernier.
» J'ai l'honneur d'être, etc. »

Pour toute réponse, je reçus, le 4 février, du greffier de l'officialité, avis que l'ordre était donné de continuer les poursuites, et deux jours après, le tribunal, déçu comme

moi dans ses justes espérances, rendit le jugement suivant :

» Au nom de la Sainte Trinité.

» Nous, Louis-Charles Buquet, vicaire général du diocèse
» de Paris et spécialement délégué par Son Éminence le
» cardinal archevêque,

» Vu la défense faite à M. Roy, curé de Neuilly, *de re-*
» *cevoir chez lui madame Roy, sa belle-sœur, de la visiter*
» *chez elle et d'avoir aucune relation avec elle dans tout*
» *autre lieu,* défense qui lui a été intimée *sous peine de*
» *suspense qui serait encourue par le seul fait de la dés-*
» *obéissance,* le 8 août 1861 ;

» Entendu M. le promoteur dans le rapport qu'il nous a
» fait *sur la conduite de M. Roy, depuis que la défense*
» *lui a été intimée ;*

» Considérant que M. Roy est convaincu *par les déposi-*
» *tions écrites de plusieurs témoins et par ses propres aveux,*
» *d'avoir* reçu chez lui et d'avoir visité chez elle plusieurs
» fois madame Roy, sa belle-sœur ;

» Considérant qu'il n'a allégué aucuns motifs *canoniques*
» qui aient pu l'autoriser à enfreindre dans les circon-
» stances où il l'a fait, la défense qui lui a été signifiée ;

» Considérant que, dans sa défense, il s'est servi d'*ex-*
» *pressions irrespectueuses contre la mesure prise à son*
» *égard,* et contre l'autorité *dans la personne de l'un de*
» *MM. les vicaires généraux,* expressions que le tribunal
» doit blâmer et qu'il blâme formellement ;

» *Par ces motifs et autres causes graves à ce nous mou-*

» *vant* (1), *agissant en vertu des pouvoirs que le saint*
» *Concile de Trente donne à l'Ordinaire dans le chapitre I,*
» *sess. 14ᵉ* ;

» Le saint nom de Dieu invoqué,

» Nous déclarons et prononçons que M. Roy a encouru
» la suspense, et *qu'ayant exercé des fonctions d'ordre*
» *sacré, il est tombé dans l'irrégularité* ;

» Nous lui enjoignons, en conséquence, sous peine d'être
» poursuivi ultérieurement selon la rigueur des saints
» canons :

» 1° *De se soumettre purement et simplement* à la dé-
» fense à lui notifiée le 8 août 1861, *laquelle est et de-*
» *meure maintenue dans toutes ses dispositions* ;

» 2° De s'abstenir désormais de tout acte d'ordre sacré
» et de tout office de curé, *jusqu'à ce qu'il ait obtenu d'être*
» *absous des censures et relevé de l'irrégularité.*

» Ainsi fait et jugé au prétoire de l'officialité diocésaine
» de Paris, le 6 février 1862.

» *Signé* Buquet, official diocésain. »

Il y aurait beaucoup à dire sur ce jugement ; je me bornerai à quelques observations essentielles.

1° Il n'y est question ni du prétendu scandale allégué
par M. Véron, ni d'aucune faute de nature à porter la plus

---

(1) Il ne faut pas s'arrêter à cette formule mystérieuse et inquiétante : *et
autres causes graves à ce nous mouvant.* Il n'y a là-dessous aucun sous-
entendu qui me concerne particulièrement ; c'est une phrase de convention
inscrite d'avance dans tous les jugements de l'officialité, comme elle l'était
jadis dans certains actes des rois de France.

légére atteinte à mon honneur, soit comme prêtre, soit comme homme privé. Le tribunal ne m'impute que deux griefs, savoir : un acte de désobéissance, qui est le grief principal, et quelques mots irrévérencieux contre le *monitoire* et son auteur, grief plus léger, qu'il se contente de blâmer.

2° La seule loi invoquée par le tribunal est tirée du chapitre Ier de la session 14 du concile de Trente. Ce chapitre permet à l'évêque de suspendre un prêtre extrajudiciairement, pour une cause occulte, et semble livrer tout le clergé inférieur, sans aucune garantie, à l'arbitraire épiscopal. C'est un de ces décrets disciplinaires du concile tridentin que nos vieux parlements ont refusé d'enregistrer, et qui n'ont jamais eu en France force de loi. Mais je n'entends point me prévaloir de cette circonstance, et pour ma part j'accepte ce décret tel qu'il est, malgré l'interprétation abusive qu'on en fait trop souvent, et qui doit affliger, même dans le ciel, les pères du concile de **Trente**. Mon objection est tout autre et j'y arrive immédiatement.

3° Je me demande si une contravention même volontaire au *monitoire* du 8 août constitue une désobéissance grave, de nature à entraîner la suspense *ipso facto*. Le tribunal a dit oui; mais il avait lui-même reconnu, dans sa première séance, que ce *monitoire* manquait de la précision désirable en de pareils actes, et donnait à l'autorité plus de latitude pour punir qu'il ne m'en laissait à moi-même pour éviter la peine. Son ajournement à huitaine ressemblait fort à une censure muette et respectueuse de ce document. D'un autre côté, en m'engageant à recourir à la justice de Son Éminence, et en voyant mon empressement à suivre ce conseil, le tribunal avait pu se convaincre de mes sentiments de soumission à l'autorité épiscopale; il devait être clair pour lui que l'intention rebelle, qui seule fait le délit, n'existait pas dans mon cœur. On m'avait commandé une espèce de suicide moral ; ce genre de suicide est-il permis ? Avait-on bien le droit de me le commander ? Cela est au moins douteux. J'aurais cru, en obéissant, commettre un délit contre moi-même, un délit public et scandaleux. Me suis-je trompé ? Soit. Le tribunal le dit. Mais se tromper n'est pas un crime, quand on s'est trompé de bonne foi.

Ainsi, soit qu'on examine le fait en lui-même, soit qu'on examine l'intention, il y a peut-être lieu de s'étonner du jugement rendu par le tribunal. Il n'a pas tenu compte des considérations morales que j'alléguais pour ma défense ; il a transformé une contravention avouable, excusable, en une désobéissance malicieuse, que je désavoue ; il s'est presque déjugé lui-même en déclarant, le 6 février, obligatoire en toutes ses parties le même monitoire que, le 30 janvier, il avait trouvé défectueux, puisqu'il m'avait engagé à prier Son Éminence de vouloir bien y apporter quelque changement.

Il est possible, du reste, que les raisons si graves qui m'ont paru autoriser l'infraction que j'ai commise, ne se trouvent pas dans les canons ; mais cela tient peut-être à ce que les canons n'ont pas prévu un pareil monitoire.

4° Il me reste à expliquer ce que signifie ce terme d'irrégularité qu'on a lu dans le texte du jugement. L'irrégularité est un empêchement canonique à l'exercice des fonctions d'ordre sacré. Elle est partielle ou totale, et, dans le premier cas, elle interdit certaines fonctions seulement ; dans le second, elle les interdit toutes. On distingue l'irrégularité *ex defectu*, qui n'est pas une peine, car elle provient de certaines infirmités naturelles du corps ou de l'esprit, de l'irrégularité *ex delicto*, qui est une peine, parce qu'elle provient d'un délit. Dans ce dernier cas, il faut que le délit soit très grave et très avéré, puisque la peine qui en découle est, après la déposition et l'excommunication, la plus grave qu'un prêtre puisse encourir. Elle l'est à ce point que le souverain pontife a seul le pouvoir de la remettre. Or, malgré la décision de l'officialité, je ne crois pas que je fusse tombé dans l'irrégularité en continuant, comme je le fis, l'exercice de mon ministère, nonobstant l'infraction au monitoire et la menace de suspense *ipso facto* attachée à cette infraction. Voir la personne qu'on me défendait de voir n'est pas en soi un délit. Le monitoire seul en faisait un délit. Par conséquent il était permis de se demander si M. l'archidiacre pouvait ainsi, de son plein gré, créer des délits et des délits entraînant la suspense. Or, voici ce que dit sur cette question le savant abbé Flottes : « Quand » on doute si on a encouru l'irrégularité, le doute est de » droit ou de fait ; dans le premier cas, presque tous les » canonistes pensent que l'irrégularité n'est pas encourue. » Je pouvais donc, en conscience, sur la foi de presque tous les canonistes, me croire en règle, puisque mon doute portait précisément non sur un fait évidemment coupable en lui-même, comme l'homicide par exemple, mais sur le droit qu'on pouvait avoir d'incriminer un fait légitime (1). Par

---

(1) Voici, sur cette grave question, l'opinion de M. le cardinal Gousset, archevêque de Reims : « Celui qui doute avec fondement s'il est régulier, » doit-il se regarder comme tel et solliciter une dispense ? Ou il s'agit d'un » doute de droit, ou d'un doute de fait. Dans le premier cas, on n'a pas à » craindre l'irrégularité ; car *il n'y a d'irrégularité que dans les cas claire-* » *ment exprimés par* LA LOI. Ainsi, quoiqu'on soit certain d'avoir fait telle » ou telle action, si l'on n'est pas assuré qu'elle entraîne une irrégularité, » parce que la loi est obscure et que les docteurs ne s'accordent pas sur le

malheur le tribunal s'étant décidé, le 6 février, à considérer le monitoire comme une œuvre très sage, très juste et parfaitement obligatoire, a été condamné par la logique à déclarer que j'avais véritablement encouru la suspense *ipso facto* prévue audit monitoire, et que, ayant continué mes fonctions, j'étais ainsi tombé dans l'irrégularité. *Dura lex, sed lex*. Le rôle du tribunal était fini, celui de M. Véron allait recommencer.

VIII

Rome et Paris.

Quelque peu fondée que fût ma condamnation, non sur le chef capital qui est encore à juger, mais sur une question accessoire et relativement sans importance, les conséquences n'en étaient pas pour moi moins terribles. Elles devaient être exactement les mêmes que si j'eusse été convaincu d'un crime inexpiable. Avec ce jugement de l'officialité, dont on pouvait parler sans en indiquer la substance,

» sens qu'on doit lui donner, *on peut certainement, de l'aveu de presque » tous les canonistes, se comporter comme si on n'était point irrégulier.* » M. le cardinal Gousset va plus loin ; il prétend qu'on peut continuer les fonctions d'ordre, quand le doute, relatif à l'irrégularité, porte sur *le fait*, le fait d'homicide excepté. Il appuie cette opinion sur les *conférences d'Angers*. Il ajoute : « IL N'Y A POINT D'IRRÉGULARITÉ DANS LES CAS DOUTEUX, *quand ils » ne regardent point l'homicide.* » (*Théologie morale par S. E. le cardinal Gousset archevêque de Reims*, etc., t. II, p. 636.)

rien n'était plus facile que de donner le change à l'opinion sur la nature des faits que le tribunal avait eu à apprécier. D'un autre côté, ne réussit-on pas à égarer sur mon compte la conscience de mes paroissiens, je n'en étais pas moins privé des consolations du saint ministère, et mis par sentence au rang des prêtres qui sont indignes d'approcher de l'autel.

S'il y avait eu quelque part en France un tribunal d'appel que j'eusse pu immédiatement saisir de ma cause, tant sur l'incident mal jugé, selon moi, que sur le principal non jugé, je me serais, sans hésiter, adressé à ce tribunal. Mais il n'existe pas. Le pape seul a le pouvoir ou de casser pareille sentence, ou de la déférer à une autre cour ecclésiastique, ou, sans réviser la procédure, de relever le condamné des peines portées contre lui. On peut s'adresser en toute sécurité à sa justice comme à sa clémence ; mais sa justice a nécessairement des lenteurs que sa clémence ne connaît pas. Ma tristesse était profonde, et en attendant le jour d'une réhabilitation plus complète, mon plus pressant intérêt était de sortir des liens de l'irrégularité, afin d'étouffer à l'origine les bruits menteurs que ma suspense prolongée pouvait accréditer.

Dans cette pensée, je me rendis, le 7 février, chez M. le cardinal, et lui déclarai que mon intention n'était pas de me pourvoir à Rome contre la sentence de l'officialité ; que j'étais résolu à m'y soumettre, malgré sa rigueur, et à invoquer la clémence du Saint-Père, quant à la peine d'irrégularité. J'ajoutai que je n'ignorais pas que, pour obtenir l'absolution, j'avais besoin d'être en paix avec mon évêque, et recommandé par lui à la bonté du souverain pontife. Monseigneur exigea alors de moi un nouvel acte de soumission n'ayant pas, à mon grand étonnement, approuvé celui du 30 janvier. Il daigna m'en dicter un autre qui m'étonna à mon tour, car il dépassait, vers la fin, la mesure des sentiments vrais qu'on devait me supposer (1).

On exigeait de moi une rétraction solennelle des paroles, démarches et actes quelconques qui m'avaient été inspirés par la vive conscience de mon droit blessé et de ma dignité compromise, et l'on voulait que je les déclarasse contraires à mes devoirs de respectueuse soumission. J'hésitai ; je priai Monseigneur de vouloir bien me dispenser d'écrire cela ; mais Monseigneur me déclara que, si je m'y refusais, il me livrerait à moi-même et m'abandonnerait sur le chemin de Rome. Cédant à la contrainte, je signai et, je l'avoue, ce fut une faiblesse. Mais on ne me laissait pas d'autre moyen de prévenir le mal qui pouvait résulter de mon opposition, mal immense que M. le cardinal avait lui-même signalé avec énergie dans les premières lignes de sa dictée. C'est lui-même, en effet, qui venait de me faire écrire ce qui suit : « Justement frappé du jugement rendu contre moi, » et *effrayé des conséquences qui en résulteraient inévi-* » *tablement pour la religion, pour le corps auquel j'ap-* » *partiens et pour moi,* je déclare, etc. » Ces déplorables conséquences, prévues par Monseigneur et aujourd'hui réalisées, j'en prenais, si je ne signais pas, la responsabilité, et si je signais, au contraire, et qu'elles se produisissent, la responsabilité en retomberait sur d'autres, puisque j'aurais, pour les prévenir, porté la soumission même au delà de ses justes bornes. Je signai donc, et le lendemain, une supplique, rédigée encore et favorablement apostillée par Monseigneur, fut expédiée au Vatican.

Le pardon du Saint-Père humblement imploré ne se fait

____

(1) Voy. la pièce 15.

jamais attendre : la dépêche contenant le mien arriva à Paris le 26 février ; mais on l'enferma dans les cartons de l'archevêché et l'on me laissa, malgré le pape, continuer publiquement ma pénitence imméritée. Je vais dire pourquoi dans le chapitre suivant.

IX

Les proscrits.

Je m'étais rigoureusement conformé aux termes de la sentence de l'officialité, n'ayant pas revu une seule fois ma famille soit au presbytère, soit chez elle, car cela dépendait de moi ; mais ma famille habitait Neuilly ; on voulait qu'elle en sortît et il ne dépendait pas de moi de l'en faire sortir. J'avais promis, il est vrai, d'y employer mes efforts ; mais, n'agissant que par intermédiaire, je n'avais pu encore la faire consentir à cet exil. On croira aisément, d'après ce qui précède, que mes efforts en ce sens avaient été loyaux ; avais-je rien de plus à cœur que de continuer ma carrière sacerdotale, et de réduire enfin, s'il était possible, mes censeurs au silence ? Mais quand je cédais à une prétention, il s'en élevait une autre. « Que votre famille sorte du presbytère, m'écrivait M. Buquet, le 16 juin 1859, il n'y aura plus rien à dire. » J'obéis, et le 8 août 1861, on s'avise de me faire un crime de visiter ma famille ; défense d'avoir avec elle aucune relation en aucun lieu du monde. Pour obéir à cela, il fallait au moins une sentence ; on l'obtient ; j'obéis encore. Alors on me dit ce que le monitoire ne dit pas, ce que la sentence ne dit pas : il faut que votre famille quitte Neuilly et n'y reparaisse jamais. Cette exigence dépassait assurément toutes les autres, et elle fera dresser les cheveux sur la tête à tout ce qu'il y a de jurisconsultes et de canonistes dans l'Europe entière. Aucune loi civile, aucune loi ecclésiastique, n'autorise l'administration diocésaine à bannir d'un lieu quelconque du diocèse un citoyen quelconque ; elle ne pouvait donc me transmettre ce pouvoir qui ne lui appartient à aucun titre, et me punir, si j'échouais dans l'exécution d'un dessein aussi arbitraire. Je n'avais pour réussir que les voies de persuasion.

Mais on comprend la résistance d'une mère à un pareil ordre que personne, à commencer par moi, n'avait qualité pour lui donner. C'était un attentat, et après tout ce qui s'était passé, l'attentat le plus injuste et le plus outrageant qu'on pût imaginer, contre sa liberté personnelle, et contre sa dignité de femme, de mère et de chrétienne. Je nommerai, pourtant, s'il en est besoin, les amis que j'ai employés pour la convaincre, et ils diront à leur tour les larmes d'indignation et de douleur qu'ils lui ont vu répandre. Eût-elle été aussi coupable qu'elle est, en effet, innocente, où prenait-on le droit de la proscrire ainsi d'une commune de l'empire et de la dénoncer, par cette affreuse et intempestive mesure, aux soupçons du public et peut-être un jour de ses propres enfants ? Et si, moins confiante que moi dans le triomphe de la vérité, elle ne pliait pas sous cette injure, où prenait-on le droit de m'en punir ? Il suffit de poser ces questions ; il n'y aura dans le monde entier qu'une voix pour y répondre.

C'est pourtant de l'accomplissement de cette condition, qui n'était pas subordonné à ma seule volonté, qu'on fit d'abord dépendre le bénéfice du pardon accordé sans condition par le vicaire de Jésus-Christ. Un docte et vénérable prêtre, mon ancien maître et l'ami de toute ma vie, s'engagea alors à obtenir directement par sa propre influence, de l'infortunée mère de famille qu'il connaît depuis tant d'années, la concession qu'elle avait jusque-là refusé de faire aux prières de mes autres amis. Ses paternelles supplications, et l'engagement personnel qu'il avait osé prendre devant son évêque, la décidèrent enfin à ce douloureux sacrifice, et le 28 février, quoique malade et très souffrante, elle quitta Neuilly.

Il semble donc qu'il ne pût plus y avoir de prétexte à la levée des suspenses, puisque toutes les conditions qu'on y avait mises étaient remplies, même les plus exorbitantes. Cependant cet octroi des indulgences pontificales fut ajourné au 5 mars, et dans l'intervalle, le prétexte qu'on cherchait pour en anéantir l'effet, on le trouva. Cela se trouve toujours. Autant j'avais intérêt, et toute l'Église avec moi, à faire cesser un état de choses si affligeant, autant ceux qui l'avaient fait naître avaient intérêt à le prolonger. Voici comment ils s'y prirent.

X

Paris et Rome.

Depuis ma condamnation, M. Buquet, vicaire général et archidiacre de Notre-Dame, m'avait autorisé à continuer de porter l'étole dans l'église, et à remplir quelques modestes fonctions d'ordre ; je remplissais donc ces fonctions depuis près d'un mois, sans la moindre inquiétude et sans nulle contravention, puisque j'agissais ainsi de l'aveu et avec l'exprès consentement de l'*alter ego* de mon évêque, à qui ma situation était d'ailleurs parfaitement connue, puisqu'il avait présidé le tribunal où j'avais comparu, et prononcé lui-même et signé ma sentence (1).

Le 2 mars, c'est-à-dire après l'arrivée des lettres de pardon et de rémission du souverain pontife, je donnai au peuple, à la prière de plusieurs de mes vicaires, la bénédiction du Saint-Sacrement. Cet acte rentrait-il dans la catégorie de ceux que M. l'archidiacre de Notre-Dame, de qui je dépends, m'avait autorisé à remplir ? Je le crus sincèrement ; la plupart de mes vicaires le croyaient aussi, puisqu'ils m'y avaient invité, et s'il en est un qui ait eu là-dessus quelques scrupules, il a pu les communiquer après coup à l'archevêché, mais ne m'en a point fait part en temps opportun ni depuis. Ce qui est certain, c'est que la nouvelle en fut bientôt portée à M. le promoteur, successeur de M. Véron ou à M. Véron lui-même, et présentée non-seulement comme une profanation, chose en soi assez grave et heureusement plus que douteuse, mais comme une espèce de défi à l'autorité diocésaine, chose complétement

______

(1) Voici, sur cette question, l'opinion du savant cardinal archevêque de Reims : « Quoique l'évêque ne puisse réhabiliter un prêtre qui est tombé » dans une irrégularité réservée au pape, *il peut néanmoins lui permettre* » *d'exercer ses fonctions en attendant qu'il reçoive de Rome l'expédition de* » *sa dispense,* lorsque le besoin de l'Église réclame cette permission, *ou* » *lorsque le prêtre ne pourrait suspendre l'exercice de son ordre sans dan-* » *ger de se diffamer ou de scandaliser les fidèles.* » (*Théologie morale,* par M. le cardinal Gousset, t. II, p. 638.) Ainsi prononcent Ferraris, les *Conférences d'Angers,* le *Rituel de Toulon,* etc., etc.

absurde. Je fus donc fort surpris de trouver chez moi, le 6 mars à midi, la lettre suivante :

« Monsieur le curé,

» Je suis venu ce matin en toute hâte pour vous de-
» mander s'il est vrai, comme on nous l'a assuré *hier*, que
» vous avez donné le salut dimanche, avant d'avoir été
» relevé de votre irrégularité. *Je déplorerais ce nouvel*
» *embarras dont je ne vois pas comment vous pourriez*
» *sortir. Car Son Eminence est persuadée qu'elle ne peut*
» *pas vous relever de cette nouvelle faute, sans recourir*
» *encore à Rome.* Je veux espérer que le récit qui nous a
» été fait n'est pas conforme à la vérité.

» Langénieux, chan. hon. prom. »

Je me rendis aussitôt à l'archevêché, alléguant pour ma défense l'autorisation de M. Buquet, ma bonne foi, l'erreur même de mes vicaires. Comment supposer que, dans l'état où je me trouvais, j'eusse pu avoir la folle et téméraire pen- sée d'attirer de nouveau sur moi par un acte quelconque, et surtout par un acte pareil, le courroux de mon évêque ? Que n'aurais-je pas fait pour m'en préserver ? Dans cette cir- constance, que de raisons plaidaient pour moi ! 1° Après la permission de M. Buquet, vicaire général, pouvait-on voir dans ma conduite un délit ? 2° En supposant qu'il y eût un délit matériel et que j'eusse outrepassé la permission, y avait-il, dans ce fait, la moindre apparence d'intention délic- tueuse ? 3° L'irrégularité dont on n'a pas été relevé est-elle renouvelée par un délit nouveau de moindre espèce que ceux qui l'ont fait encourir ? Se multiplie-t-elle avec les délits? N'est-elle pas, au contraire, un état permanent que ne peut ni diminuer ni aggraver le nombre des fautes subséquentes, surtout quand la bonne foi est visible? Le pardon reçu de Rome couvrait tout, si on me l'eût appliqué à temps, car, étant pardonné, la bénédiction du 2 mars n'offrait plus l'apparence d'un délit; ce pardon ne m'ayant pas été appliqué couvrait tout encore, puisqu'on ne peut retomber dans l'irrégularité, quand on y est déjà, et que, dans tous les cas, il n'y avait, dans la rechute, que l'apparence d'une faute, et d'une faute bien vénielle, comparée à celle que Rome avait entendu pardonner.

Mes raisons furent vaines ; on me déclara retombé dans l'irrégularité d'où je n'étais pas sorti, et il fallut adresser une nouvelle supplique au Saint-Père pour en obtenir un nouveau pardon. Il est vrai que Son Éminence, tout en admettant la nécessité d'un second recours à Rome, eut la loyauté de reconnaître aussi ma bonne foi. La preuve qu'elle la reconnut, c'est qu'elle daigna rédiger elle-même ma supplique, où il est dit textuellement : « *Semel benedixit ex falsâ conscientiâ et quâdam bonâ fide;* » et que cette pièce fut envoyée à Rome le 10 mars, accompagnée d'une suppliante apostille signée par elle et scellée de ses armes (1).

La nouvelle absolution implorée de Sa Sainteté, dans les termes les plus touchants, par M. l'archevêque de Paris, ne se fit pas attendre plus longtemps que la première.

(1) J'en ai la copie (voy. la pièce 18); j'en ai eu quelque temps en main l'original, ainsi qu'en fait foi une lettre de M. le promoteur Langénieux, en date du 24 mars, où il me redemande, je ne sais pourquoi, « la minute » écrite de la main de Son Éminence » de la lettre que j'ai adressée au Saint-Père. (Voy. la pièce 19.)

Elle arriva le 2 avril. Mais ce que je ne comprends pas et ce que personne ne pourra comprendre, je n'en recueillis pas les fruits. L'autorité diocésaine qui l'avait sollicitée, refusa de me l'appliquer, après l'avoir obtenue, mais sans pouvoir cette fois donner à son refus l'ombre d'un motif et même l'ombre d'un prétexte (1). Je n'en accuse pas Son Éminence. Il n'est que trop évident, par tout ce qui précède, que son cœur n'a pas été dans cette affaire, surtout au dénoûment, d'accord avec ses actes, ou qu'il faut du moins, pour être juste, distinguer ses actes personnels, toujours sages et généreux, comme le prouvent les deux suppliques au Saint-Père, des actes de son administration qui portent, par malheur, un autre caractère. On ferme, malgré lui, sa main toute chargée des grâces qu'il a implorées. Rome pardonne; l'archevêque a pardonné; mais on dirait qu'il y a quelqu'un à l'archevêché qui ne pardonne pas.

(1) Je me trompe : on a mis en avant l'ombre d'un prétexte, en déclarant contre l'évidence que ma réintégration était devenue *impossible*. Ce qui aurait pu la rendre impossible, ce n'était pas une faute nouvelle de ma part; on n'en alléguait point; c'était l'espèce de discrédit qu'on croyait avoir jeté sur moi par les rigueurs de toute sorte dont on avait usé à mon égard, et surtout par ma longue suspense. Mais tout cela n'avait fait que raviver les sympathies de mes paroissiens pour leur curé. On en trouvera la preuve aux *Pièces justificatives*, notamment dans la pétition des deux cents notables, et je reçois journellement, dans ma paroisse que je n'ai pas quittée, de nouvelles marques de cette sympathie, aussi infatigable que la poursuite. L'objection ne saurait donc être considérée comme sérieuse.

XI

Le Jeudi-Saint.

La fête de Pàques approchait, et j'attendais de jour en
jour, avec d'inexprimables angoisses, la fin de ces alterna-
tives cruelles, genre de supplice auquel le tribunal de l'officialité ne m'avait point condamné. Le 16 avril enfin, M. le
secrétaire général de l'archevêché vint me notifier une ordonnance datée du même jour, et portant :

» Art. 1er.

» M. l'abbé Manoury, premier vicaire à Neuilly, est
» nommé administrateur de cette paroisse (1) pour y exer-
» cer, *à l'exclusion de tout autre,* à dater du 17 de ce

(1) Il était mon premier vicaire depuis le mois de juillet 1860. On me
l'avait *imposé* en remplacement de M. l'abbé Du ..., mon respectable ami,
connu à Neuilly depuis quatorze ans, aimé et honoré de tous, et mon plus utile
auxiliaire. M. Manoury arrivait de Saint-Eustache. Je n'ai rien à dire de lui à
ceux qui le connaissent; je n'en veux rien dire à ceux qui ne le connaissent
pas. C'était, comme M. X..., un protégé de M. Véron; c'était aussi parfois
son amphytrion. On prétend qu'il vint à Neuilly dans l'espoir et même avec
la promesse de me remplacer. Je ne le crois pas. Tout ce que je puis
affirmer, c'est qu'il fut installé pendant mon absence, le 1er juillet 1860,
inter solemnia, avec une pompe sans exemple en pareille circonstance, par
M. l'abbé Langénieux, alors vice-promoteur. Je ne puis m'empêcher de
remarquer encore qu'un an après, le 9 août, M. le cardinal m'écrivait la
lettre qu'on a déjà lue, et dans laquelle il me demande ma démission.
Malgré cela, je ne veux croire à aucun plan arrêté d'avance.

» mois, et autant de temps que nous le jugerons conve-
» nable, les fonctions de curé en tout ce qui concerne l'ad-
» ministration spirituelle et temporelle de la paroisse, avec
» les droits et avantages temporels que la loi civile attribue
» à l'ecclésiastique nommé par l'évêque pour remplacer un
» curé dans les cas prévus par elle.

» Art. 2.

» La présente ordonnance sera notifiée aujourd'hui, seize
» avril, au titulaire de la cure, au clergé de la paroisse et
» au conseil de fabrique de l'église de Neuilly, après quoi
» elle sera transcrite sur le registre des délibérations de la
» fabrique.

» Donné à Paris, etc. »

M. le secrétaire général me quitta aussitôt pour aller à
l'église achever l'exécution de son triste mandat. Ainsi
toutes les concessions qu'on m'avait dictées et qu'on avait
obtenues, n'étaient pas la fin qu'on s'était proposée en me
les demandant, et au lieu de me réintégrer dans mes fonctions, pour prix de mon obéissance, on me remplaçait,
comme si j'étais mort. On invoquait déjà la loi civile à l'appui de cette entreprise contre des droits qu'elle protége,
dans l'idée où l'on était qu'en ébranlant ainsi ma position,
après l'avoir si longtemps minée, il n'y aurait bientôt plus
qu'à souffler sur moi pour me renverser. Les derniers actes de
Monseigneur, je ne parle ici que de ses actes personnels, ne
m'avaient pas, j'en conviens, préparé à ce coup. Quoi qu'il
en soit, juste ou injuste, ce n'était là qu'une spoliation

d'honneurs, de puissance et d'autres avantages plus ou
moins précieux, à laquelle il est facile de se résigner, quand
on a l'âme un peu haute. Il fallait seulement l'expliquer.
Or, on l'a expliquée en effet, mais en quels termes! Voici
le préambule de l'ordonnance, tel qu'il a été lu en chaire,
le lendemain, 17 avril, par M. le promoteur, circonstance
aggravante, qui n'avait pas été prévue la veille en l'art. 2
de ladite ordonnance :

« Nous, François-Nicolas-Madeleine Morlot, par la misé-
» ricorde divine, etc.

» *La situation affligeante de la commune de Neuilly,*
» *par suite de circonstances* DE NOTORIÉTÉ PUBLIQUE, NE NOUS
» PERMETTANT PAS *de laisser se prolonger un pareil état de*
» *choses,*

» LE SAINT NOM DE DIEU INVOQUÉ,

» Et notre conseil entendu,

» Nous avons ordonné et ordonnons ce qui suit :

Rien de plus. Qu'est-ce à dire? Ou cette phrase est vide,
ou elle ne contient qu'une allusion préméditée à cette noire
enquête, et à ce jugement mystérieux de l'officialité, dont
nul ne connaissait alors les termes, et surtout à la longue
présence à Neuilly et au récent départ de ma famille, fait
plus notoire encore que les autres. Si ce considérant paraît
d'abord un peu obscur, le châtiment qui l'accompagne y jette
tout à coup une fausse et sombre lueur. Comme on connaît
la mansuétude des évêques, comme on les voit, en toute
rencontre, étendre leurs manteaux sur les fautes cachées,
le moyen de me croire sans tache, après une ordonnance

ainsi motivée. Qui refusera désormais de voir en moi un coupable, non-seulement jugé, non-seulement convaincu, mais de la conversion duquel on désespère? L'archevêché connaît trop bien le cœur humain pour ignorer toute la portée de certaines mesures, et surtout la portée de ces phrases qui semblent ne rien dire et qui disent tout, assez nettes pour tuer moralement un juste, assez vagues pour qu'on puisse, au besoin, en désavouer le sens homicide. On n'avait contre moi qu'une basse et absurde calomnie, dont on sait le néant; au lieu de la combattre, on me l'oppose ; sous prétexte d'enquête, on l'ébruite, on la propage, et pour mieux l'accréditer, on décide enfin M. le cardinal abusé à lui prêter publiquement l'autorité même et l'éclat de sa pourpre. Cette ordonnance a donc été lue en chaire, au beau milieu de la semaine sainte, pendant cette trêve de Dieu où, dans les siècles de foi, les princes déposaient les armes et les gens de justice, songeant à Caïphe et à Pilate, fermaient le code pour méditer la Passion ; elle a été lue aux fidèles consternés, le jour même où Notre-Seigneur Jésus-Christ, le maître et l'exemple de tous les pasteurs, lava de ses divines mains, et essuya les pieds à ses disciples, quoiqu'il sût bien, dit l'Apôtre, « que tous n'étaient pas purs ».

XII

**Pétition de mes paroissiens. — Ma supplique. —
Réponse de Monseigneur.**

Le deuil fut grand; le scandale immense; il dure encore.
J'ai vu, depuis ce jour, avec douleur, mais sans étonnement, quelques âmes pieuses se détourner de moi : elles
craindraient de pécher, si elles osaient douter de la justice
du châtiment qui m'a frappé, et plus il est sévère, plus elles
ont besoin de croire qu'il est juste. Interrogez-les cependant, et elles vous le diront : Ce n'est pas ma conduite publique ou privée, c'est ma seule condamnation qui les
trouble et les éloigne. La foi qu'elles doivent avoir dans
les lumières d'un éminent prélat qu'elles n'entrevoient
qu'une fois l'an, a pu seule ébranler la foi qu'elles avaient
dans ce vieux curé qu'elles voyaient tous les jours et approchaient à toute heure.

Mais ces âmes faibles, quoique pieuses, sont en petit
nombre, et le reste du troupeau m'est resté fidèle. Il a fallu
des ordres venus d'en haut, et même des menaces, pour
empêcher quelques-uns de ces vrais chrétiens, dont la situation n'était pas tout à fait indépendante, de m'apporter
publiquement les consolations et les témoignages que j'étais
en droit d'attendre eux. Le lendemain de la première communion, par exemple, on a empêché les frères des écoles et
les sœurs de charité de *laisser venir jusqu'à moi,* selon
l'usage, *ces chers petits enfants,* que j'avais si souvent nourris
du pain de l'âme, et quelques-uns même du pain du corps.

La même pression a été exercée sur d'autres. Mais on ne les a pas tous arrêtés, Dieu merci ! et il en est qui ont compris qu'aucune autorité en ce monde, et l'autorité ecclésiastique moins que tout autre, n'a le droit de dire à personne : Vous n'irez pas consoler cet affligé ; vous ne témoignerez pas en faveur de ce juste, si votre conscience vous crie qu'il est juste. Vous renierez votre ami et votre bienfaiteur, parce qu'il me plait qu'on l'abandonne. Grands et petits, soyez ingrats... Je plains ceux qui ont écouté de pareils ordres, et je leur pardonne ; mais je plains encore plus ceux qui les ont donnés.

On a vu que l'ordonnance du 16 avril semblait laisser une porte ouverte à l'espérance, et que la situation créée à Neuilly par l'article premier de cette ordonnance, n'était que provisoire et donnée pour telle.

Après quelques jours de stupéfaction, un certain nombre de mes plus honorables paroissiens se réunirent et résolurent ensemble d'adresser à Son Éminence une pétition collective, dont on trouvera le texte aux *pièces justificatives* (1). C'est un appel motivé à la justice du pasteur diocésain, une protestation nouvelle contre les calomnies qui auraient dû épargner ma vieillesse, une prière à l'effet de mettre fin au scandale que ma condamnation a produit, et qui tourne au détriment de la religion, du clergé et des mœurs. Cette pétition fut bientôt couverte de deux cents signatures environ, qui se décomposent ainsi : seize conseillers municipaux sur dix-huit alors présents dans la commune ; huit médecins, vingt instituteurs et institutrices laïques, maîtres ou maîtresses de pensionnats ; cent trente-quatre propriétaires et personnes notables. La nouvelle du départ de Mon-

____

(1) Voy. la pièce 21.

seigneur pour Rome ne permit pas aux pétitionnaires de recueillir un plus grand nombre d'adhésions; on en aurait eu des milliers, si l'on eût voulu les demander. Mais, par un sentiment de discrétion facile à comprendre, on s'était abstenu de donner trop de publicité à cette respectueuse démarche (1). La pétition fut close et portée à l'un de MM. les

(1) Je suis fondé à croire que cette pétition a déplu à l'autorité ecclésiastique. Il paraît que cette autorité n'aime pas à voir les laïques intervenir dans les choses de son domaine. Elle a raison pour ce qui regarde l'enseignement doctrinal, les mystères et même la discipline dans les matières d'ordre spirituel. Mais pour constater des faits extérieurs, le témoignage des laïques est irrécusable et souvent le seul à consulter. C'est sur le témoignage des laïques qu'est fondé en grande partie l'établissement du christianisme, et, dans l'Évangile, on voit Notre-Seigneur invoquer tour à tour la parole de l'aveugle et celle du paralytique, et la voix du peuple entier au milieu duquel il vivait. Quand on prétend qu'un curé est pour ses paroissiens un sujet de scandale, il ne faut donc pas mépriser le témoignage des laïques. Quel jugement peut-on mettre en balance avec le leur, dans une semblable question? Est-ce que M. le promoteur, dans sa prétendue enquête, n'a pas interrogé des laïques? S'en est-il rapporté à l'unanimité, moins un, des prêtres et autres ecclésiastiques de ma paroisse? L'accusation pourra donc invoquer le témoignage de l'aveugle et du lépreux non guéris et celui de la femme adultère non repentante, et la défense ne pourra pas appeler à son aide ce qu'il y a de plus respectable dans le pays? Cette prétention se rattache à une autre qui n'est pas moins extraordinaire. Il est de principe à l'archevéché *que l'autorité ne doit jamais avoir tort.* « Tout le monde doit comprendre, dit une lettre de l'archevéché » que j'ai en ce moment sous les yeux, que si, après une décision prise, *on* » *revenait sur ses pas à la suite de sollicitations et de démarches en sens con-* » *traire, ce serait un échec dont les suites seraient nécessairement fâcheuses* » *à tous les points de vue.* » L'autorité diocésaine n'est point infaillible, et quand elle a pris sur de faux renseignements une décision injuste, il est plus fâcheux pour elle d'y persister que de *revenir sur ses pas.* Dépositaire des vérités morales les plus essentielles, et gardienne de ces vérités, elle ne doit être inflexible que dans la foi, et il est de son devoir de montrer aux fidèles, par son exemple, que la véritable sagesse et la véritable grandeur consistent à reconnaître l'erreur qu'on a commise, et à ne jamais confondre la vérité absolue avec ces appréciations nuageuses de l'ordre humain, par rapport auxquelles l'autorité la plus vigilante est toujours sujette à se tromper.

vicaires généraux, pour être mise sous les yeux de Son Éminence ; mais elle resta sans réponse.

Le 23 mai, ayant appris que Monseigneur achevait les apprêts de son pèlerinage, je lui adressai moi-même la supplique suivante :

Paris, le 23 mai 1862.

« Éminence,

» Je me suis soumis, comme je le devais, avec respect et » en toute sincérité, aux peines disciplinaires que vous » m'avez infligées. Mon humiliation est publique.

» Le 28 février dernier, ma famille a quitté Neuilly, con- » formément à vos ordres, et je ne l'ai plus revue. Cepen- » dant, Monseigneur, je suis encore privé de toutes les » consolations du saint ministère. Oserai-je rappeler à Votre » Éminence que Rome, dans sa souveraine sagesse, a levé » les deux suspenses qui me frappaient ? C'est plein de » confiance dans votre justice et votre miséricorde que j'at- » tendais l'effet de cette mesure, lorsque M. l'abbé Manoury, » mon premier vicaire, a été nommé administrateur de ma » paroisse. Qu'ai-je fait, Monseigneur, pour mériter ce châ- » timent encore plus grand que les autres ? Tout recours à » votre miséricorde paternelle serait-il désormais inutile ? » J'ai vu les peines qui m'ont été imposées s'accroître avec » ma soumission ; mes épreuves ne touchent-elles point à » leur terme ?

» Une pétition en ma faveur, signée par deux cents » personnes des plus élevées et des plus honorables de la » commune a été remise le 17 courant entre les mains de » Votre Éminence ; ne dois-je rien espérer d'une manifesta- » tion aussi spontanée et aussi consolante pour moi ? Qui

» pourrait soutenir après cela que ma réintégration est
» notoirement impossible?

» Si, comme prêtre, j'avais à mon insu manqué de nou-
» veau à mes devoirs et à la discipline de l'Église, je suis trop
» profondément pénétré de l'esprit de l'Évangile et de l'es-
» prit des saints canons pour ne pas aller de moi-même au-
» devant de l'expiation et incliner mes cheveux blancs devant
» le jugement de Votre Éminence. Je renouvelle donc ici
» les actes de soumission du 30 janvier et du 7 février, selon
» la lettre et selon l'esprit où ils m'ont été dictés.

» Dans ces dispositions, je vous supplie, Monseigneur, de
» daigner m'accorder une audience avant votre départ.

» J'ai l'honneur d'être, etc. »

Voici la réponse de Monseigneur :

« Paris, le 25 mai 1862.

« Monsieur le curé,

» Je viens de prendre connaissance de votre lettre du
» 23 de ce mois. Je ne vois qu'un moyen de terminer cette
» triste affaire de la manière la moins pénible pour tout le
» monde, ce serait que vous donnassiez de vous-même la
» démission de votre titre. Comme vous n'y paraissez nulle-
» ment disposé, les choses ne peuvent que suivre leur
» cours.

» Croyez, monsieur le curé, à la sincérité de mes senti-
» ments et des vœux dont mon cœur est rempli. Je porterai
» à Rome les uns et les autres, étant au moment de partir
» pour me rendre à l'appel du Saint-Père.

» † F.-N., cardinal archev. de Paris. »

On peut comparer cette lettre du 25 mai 1862 à celle du 9 août 1861 : on y trouvera la même pensée, exprimée à peu près dans les mêmes termes. C'est ma démission qu'on veut après un an, comme on la voulait déjà lorsqu'on creusait sous mes pieds la fosse du monitoire. Il semble qu'il ne soit survenu dans cet intervalle aucun fait de nature à modifier profondément la conduite du pieux et sage prélat. Je ne parle point ici de ma soumission continuelle à des ordres vexatoires, soumission qui a eu, du moins, pour effet d'anéantir les prétextes qu'on pouvait alléguer contre moi le 9 août 1861. Je ne parle point des solennels démentis que mes paroissiens ont infligés à mes calomniateurs anonymes. Non ! oublions tout cela, n'en tenons pas le moindre compte. Mais que signifiait donc cet acte du 7 février, écrit par moi sous la dictée de M. le cardinal, acte qui semblait destiné à conjurer *les conséquences* funestes que ma condamnation, si elle n'était levée, devait avoir *inévitablement pour la religion, pour le corps auquel j'appartiens et pour moi ?* C'est Monseigneur, on s'en souvient, qui mettait dans ma bouche ces paroles, qui étaient déjà dans mon cœur, et c'est pour ne pas assumer sur moi la responsabilité de cet avenir redoutable que je signai à regret la rétractation des démarches les plus justes et les plus avouables. Que signifiait encore la première supplique adressée au Saint-Père par Son Éminence et par moi, le 8 février, si elle n'avait sérieusement et réellement pour but de prévenir ces *conséquences*, si clairement prévues par Monseigneur dans l'acte de la veille ? Que signifiait enfin la seconde supplique, en date du 10 mars, rédigée comme la précédente, par M. l'archevêque de Paris qui y reconnaissait la bonne foi du suppliant et s'agenouillait avec lui devant le pape pour obtenir une absolution si nécessaire au bien de toute l'Église ? Je ne croirai jamais que ce fût là un jeu irrespectueux, et qu'on fît semblant d'implorer pour moi du souverain pontife des grâces dont on aurait été résolu à ne pas me laisser jouir. Ces actes étaient sérieux ; mais plus ils l'étaient, plus ils engageaient Son Éminence, car depuis le moment où elle les fit de son plein gré, je ne lui ai pas donné volontairement et à ma connaissance le plus léger sujet de plainte.

Pourquoi donc ce changement ? Pourquoi ce coup imprévu et si lamentable du jeudi saint ? Et après cette inexplicable rigueur, que dire de cette lettre du 25 mai ? Tout cela est contradictoire et n'est pas l'œuvre du même esprit. Je suis donc forcé, non par un respect apparent, mais en toute sincérité, et devant l'évidence, de signaler de nouveau cette heureuse contradiction entre les actes personnels de Monseigneur, et les actes beaucoup moins évangéliques de son administration.

Ma démission ! ma démission ! on y revient encore. C'est donc bien là tout ce qu'on voulait depuis plusieurs années, et à la connaissance et de l'aveu de Monseigneur, depuis un an. C'est pour cela qu'on a imaginé cette façon d'enquête ; c'est pour cela qu'on m'a laissé entouré d'auxiliaires diffamés ou diffamateurs, qu'on a souffert la révolte au cœur de jeunes prêtres, qu'on m'a placé sous la surveillance de l'un d'eux ; qu'on m'a tendu des lacs, conduit devant des juges, liés comme moi et plus que moi par les actes antérieurs, dont la connaissance leur était interdite ; c'est pour cela qu'on a confisqué les pardons du Saint-Père, mis Monseigneur en contradiction avec lui-même et troublé par un acte de rigueur inusitée le recueillement du jeudi saint. Ce n'est que ma place qu'on voulait Mais puisque ce n'était que ma place, il eût fallu le dire, avant que tous les sentiments d'honnêteté publique et privée me défendissent de la livrer à ceux à qui elle peut encore faire envie. Le 9 août 1860, après cette inqualifiable enquête, il était déjà trop tard. Le 25 mai 1862, cela était devenu impossible. Non ! je ne la céderai pas, et il s'agit de savoir à présent si l'on pourra m'arracher, par de tels moyens, de ce poste douloureux où je défends mon honneur, celui de ma famille, le respect dû un jour à ma mémoire, la dignité de mon saint ministère, les saints canons qui m'ont fait inamovible, la loi civile qui protége cette inamovibilité. C'est une grande et pénible mission qui m'est échue ; elle n'est pas de celles qu'on recherche ; mais quand Dieu l'impose, il faut l'accepter sans faiblir.

XIII

Ordonnance épiscopale déclarant vacante la cure de Neuilly. — Appel comme d'abus.

Les choses ont suivi leur cours, suivant la parole de Monseigneur ; mais je ne crois pas, comme on s'en flatte, qu'elles touchent à leur terme. Puisqu'on a voulu, à tout prix, les amener là, c'est à moi de dire à présent : « Il faut » que les choses suivent leur cours. » Il est de mon devoir d'éclairer l'opinion publique sur les faits accomplis. Il est aussi de mon devoir de déférer au conseil d'État, comme abusive, l'ordonnance épiscopale du 15 mai, qui déclare vacante la cure de Neuilly. S'il était permis aux administrations diocésaines d'arriver, par de semblables voies, à disposer des bénéfices, il n'y aurait bientôt plus en France de curés inamovibles, et la loi civile qui veut qu'il y en ait, et qui en a fixé le nombre, ne serait plus, comme les canons des conciles, qu'une lettre morte. Mais je laisse à mon savant et honorable avocat le soin de discuter cette question, et au conseil d'État celui de la résoudre. Elle intéresse, en effet, l'État et tout le clergé plus que moi-même. Je ne veux examiner l'ordonnance du 15 mai qu'au point de vue des faits et en tant qu'elle touche à ma considération de prêtre et à mon honneur de citoyen. Elle est fort longue, fort obscure et fort embrouillée ; la vérité en souffre en maint endroit ; je serai donc obligé de remettre çà et là les choses à leur place, dans leur ordre naturel, qui est leur lumière naturelle, tandis que l'oubli et le renversement de cet ordre en faussent complétement l'aspect. Ce sera le résumé et parfois le complément de tout ce mémoire.

Ma déposition est motivée sur huit *considérants* que j'examinerai successivement, soit un à un, soit par couple, quand ils s'enchaînent de trop près pour être séparés. Voici le texte des deux premiers :

« François-Nicolas-Madeleine Morlot, par la miséricorde
» divine et la grâce du Saint-Siége apostolique, cardinal
» prêtre de la sainte Église romaine, du titre des SS. Nérée
» et Achillée, archevêque de Paris, grand aumônier de
» l'Empereur,

» I. — Considérant qu'au nombre de nos attributions
» épiscopales et des devoirs qui en sont inséparables, il
» n'est rien de plus grave et de plus essentiel que d'assurer,
» autant qu'il est en nous, *le bon gouvernement de chacune*
» *des paroisses* de notre diocèse, et de veiller à ce que les

» curés, à qui le soin des âmes est confié, se montrent,
» dans l'exercice de leur saint ministère, *fidèles observa-*
» *teurs des lois et de la discipline de l'Église*, évitant non-
» seulement ce qui pourrait donner lieu à aucun reproche
» sérieux, *mais encore tout ce qui ne répondrait pas suffi-*
» *samment à l'idée qu'ils doivent donner de la dignité et*
» *de l'excellence de leur mission parmi les peuples ;*

» II. — Considérant que, dans le cas contraire, et *lors-*
» *que la présence et la conduite d'un ministre de la reli-*
» *gion*, exerçant dans une paroisse les fonctions pastorales,
» *loin d'y être profitables, n'y répandent que des influences*
» *préjudiciables à la cause dont il doit être le fidèle dé-*
» *fenseur*, notre devoir, *après avoir tenté sans succès tous*
» *les moyens soit de prévenir le mal, soit d'y mettre un*
» *terme, est de recourir au seul remède qui puisse en ar-*
» *rêter le cours, c'est-à-dire à la déposition régulière*
» *du curé qui se trouverait malheureusement dans ce*
» *cas ;*

Observations sur les considérants I et II. — Je rends hommage à la sagesse de ces premiers *considérants ;* je puis
les lire sans trouble et n'y aperçois rien qui me touche,
même de très loin, malgré l'application qu'on m'en veut
faire et que j'examinerai en son lieu. Seulement je ferai
respectueusement observer que les devoirs de l'évêque ne
se bornent pas à veiller sur la conduite des curés, mais
aussi sur celle des prêtres qu'il leur a donnés pour coopé-
rateurs. C'est une vérité aussi claire et aussi certaine que
toutes celles que j'aime à louer dans ce préambule. Si l'administration diocésaine en convient, je lui rappellerai que
j'ai eu l'honneur d'écrire à l'archevêché à différents inter-
valles, SEPT LETTRES sur la conduite d'un second vicaire, et

que ces sept lettres sont restées sans réponse. Je me per-
mettrai de lui rappeler encore (et tous ces faits sont au
nombre de ceux dont j'ai déjà parlé dans le chapitre III, et
dont je tiens la preuve à la disposition du conseil) les propos
irrévérencieux de M. Y..., successeur de M. X..., et comme
lui maintenu près de moi malgré mes remontrances ; l'insubordination tolérée avant la fameuse enquête, c'est-à-dire
avant que je fusse avisé directement ou indirectement des
fausses impressions que Monseigneur avait pu recevoir
sur moi-même ; un des plus touchants évangiles, celui du
bon pasteur, falsifié et dénaturé dans la chaire, et ser-
vant de texte à une satire dirigée par un jeune vicaire
contre un vieux curé. Enfin, puisqu'on ne se lasse pas de
répéter les mêmes accusations cent fois réfutées, je ne
dois pas, de mon côté, me lasser d'y répondre : je rappellerai donc encore, puisqu'on m'y force, que j'ai entre
les mains les lettres de l'archevêché, par lesquelles on
m'ordonne, après de tels écarts et de plus graves, de laisser prêcher M. X.... Pourquoi donc, même avant l'enquête, me laisser en proie aux calomnies d'un tel entourage ? Où s'est trouvé alors le bon pasteur ? Est-ce là, par
hasard, ce qu'il faut appeler, avec la présente ordonnance,
assurer le bon gouvernement des paroisses ? Est-ce observer fidèlement *les lois et la discipline de l'Église ?*
Est-ce que M. X... et M. Y... *répondaient suffisamment
à l'idée que* des prêtres *doivent donner de la dignité
et de l'excellence de leur mission parmi les peuples ?*
Est-ce que M. Véron lui-même agissait en apôtre ? Est-ce
que *la présence* de ces trois hommes à Neuilly et *leur
conduite,* dans des fonctions si diverses, *ont été profitables à
la cause dont ils devaient être les fidèles défenseurs ?* N'y
auraient-elles point *répandu ces influences préjudiciables*

dont on veut me rendre victime? Oserait-on placer leurs étranges procédés au nombre des *moyens de prévenir le mal* dont on m'accuse aujourd'hui? En fait de *moyens préventifs*, j'affirme qu'on n'en a pas employé d'autre à mon égard. Je n'ai pas compris l'avertissement ; il n'était, dans tous les cas, ni canonique ni chrétien. Cela dit, je reviens au texte de l'ordonnance.

» III. — Considérant que la paroisse de Neuilly, cure
» de première classe, dont M. Roy a été pourvu, il y a en-
» viron sept ans, *a eu beaucoup à souffrir surtout dans le*
» *cours des quatre dernières années, sous les rapports les*
» *plus graves et aux divers points de vue indiqués ci-dessus*
» *de la présence au presbytère de Neuilly et de la manière*
» *d'être d'une personne, belle-sœur de M. le Curé, que*
» *celui-ci avait antérieurement chez lui, lorsqu'il était*
» *vicaire à Saint-Germain des Prés, qu'il a conservée et*
» *maintenue dans son habitation à Neuilly, avec une per-*
» *sistance des plus regrettables ; ce qui, eu égard à la con-*
» *dition de cette personne mariée, mais ne vivant plus*
» *avec son mari, a produit dans le public des impres-*
» *sions du caractère le plus fâcheux, qui ont rejailli sur la*
» *personne du pasteur de la paroisse, au détriment tou-*
» *jours croissant de sa propre considération et de son mi-*
» *nistère ;*

Observations sur le considérant III. — Nous voilà sortis des généralités et l'accusation prend un corps : elle se divise en deux ordres de faits distincts qu'il ne faut pas mêler et confondre, comme l'a fait le rédacteur de l'ordonnance, mais qu'il faut présenter et examiner chacun à part. Les uns regardent ma conduite, les autres l'impression qu'elle a pu faire. Parlons d'abord de ma conduite. On reconnaît, dans ce considérant, que l'état de choses que l'autorité a voulu faire cesser, subsistait depuis longues années ; mais on ne dit pas qu'il subsistait avec l'approbation des deux précédents archevêques ; on ne dit pas non plus que j'ai aujourd'hui soixante ans, et que ma belle-sœur a passé depuis six ans l'âge canonique. On ne dit pas par conséquent, que cet état de choses, parfaitement régulier dès l'origine, avait reçu du temps une sanction qui le mettait à l'abri de toute critique. On laisse supposer tout le contraire. En revanche, on a soin de faire remarquer « *la condition de cette personne mariée, mais ne vi-* » *vant pas avec son mari.....* » Cela dit, on se garde » bien d'ajouter que cette circonstance bien ancienne était connue dès l'origine de l'autorité diocésaine, et la situation qui en résultait formellement ratifiée.

Ce considérant III omet donc plusieurs faits essentiels à la cause ; il n'en articule aucun de blâmable ; mais, en compensation de ceux qu'il omet, il en suppose un qui est inexact, lorsqu'il assure que *M. le curé a conservé et maintenu cette personne* DANS SON HABITATION *à Neuilly, avec une persistance des plus regrettables.* Mais comme cette accusation, pour le moins inexacte, va être reproduite dans le considérant IV et dans le considérant V, je la réfuterai tout à l'heure.

Voyons auparavant si ma conduite *a produit dans le public les impressions du caractère le plus fâcheux, qui ont rejailli, etc.*

Si l'on s'en rapporte à l'ordonnance, plus de défense possible. Mais si l'on cherche des témoins, où sont-ils ? Ceux que je connais, s'ils osaient se nommer, il me serait trop facile de les réduire au silence. M. le promoteur actuel m'a dit, il est vrai, qu'il suffit de vingt témoins de cette espéce pour interdire un curé. Il ne sait donc pas que si l'on faisait demain signer dans Paris une adresse contre tel ou tel prélat, d'une vertu éprouvée, et même contre la religion, elle se couvrirait en peu de jours de plusieurs milliers de signatures. Qu'est-ce que cela prouverait contre la religion et contre ce prélat? Rien. Il ne suffit donc pas de rassembler dans les ténèbres quelques témoins à qui le jour fait peur ; en matière d'appréciation morale, il est bon de compter les témoignages, mais il faut d'abord les peser (1).

On trouvera, aux *pièces justificatives*, vingt lettres signées par des magistrats, des fonctionnaires publics, des conseillers municipaux, des propriétaires, des pères de famille, dont la parole, en cette affaire, est d'un tout autre poids que celle de témoins occultes. On y trouvera aussi une pétition à Monseigneur, datée du mois d'avril dernier, et revêtue de la signature de seize conseillers municipaux, et de celle de plus de cent cinquante notables. Je me borne à extraire de cette pétition le passage suivant :

« Quant à la vie privée de M. Roy, qui a servi de pré-
» texte à des insinuations si perfides, un grand nombre
» d'entre les soussignés en ont été témoins et opposent le
» démenti le plus formel à des dénonciations parties des
» sentiments les moins avouables du cœur humain, et mal
» dissimulées sous l'apparence d'un faux zèle.

» Jamais une âme honnête n'a été scandalisée des rap-
» ports que M. l'abbé Roy entretenait depuis tant d'années
» publiquement, sans mystère, à la parfaite connaissance

(1) Est-il nécessaire de rappeler ici les ignobles gravures et les libelles infâmes qui ont été autrefois publiés, vendus et répandus à profusion contre Mgr de Quélen, de pieuse et sainte mémoire? Faudrait-il citer d'autres exemples? Ils abondent : on n'aurait que l'embarras du choix.

» de ses supérieurs, avec sa famille, dont il est le protecteur
» naturel et malheureusement le seul soutien ; ses rela-
» tions journalières avec ses paroissiens, ses amis, ses vi-
» caires, étaient, comme avec les siens, affectueuses et cor-
» diales, et l'intérieur du presbytère présentait un aspect
» vraiment patriarcal. »

Je n'ai pas à présent d'autre réponse à faire à l'allégation
du *considérant* III, touchant les *impressions du caractère
le plus fâcheux*, etc. J'arrive au *considérant* IV où l'*erreur
de fait*, signalée plus haut, comme une simple inexactitude, prend, à mon grand regret, une tout autre apparence.

  » IV. — Considérant que les *avertissements réitérés*
» donnés à M. Roy, principalement depuis l'année 1859,
» d'avoir à se séparer de la personne dont il s'agit, SONT
» RESTÉS SANS EFFET, de même que les injonctions formelles
» qui s'en sont suivies avec menace des censures ecclésias-
» tiques, JUSQU'A *ce qu'enfin il a dû être et a été dé-
» claré suspens ab ordine et officio*, A LA DATE DU 6 FÉVRIER
» *dernier* ;

Observations sur le considérant IV. — Les grandes occu-
pations de Monseigneur ne lui auront pas permis de lire
avec une suffisante attention cette ordonnance qu'on lui a
fait signer : tout ce paragraphe n'est qu'un leurre.

1° Je n'ai reçu avant 1859 aucun avertissement.

2° Le premier avertissement que j'aie reçu en 1859 est
du mois de mars ; cet avertissement s'est transformé, le
16 juin, en un ordre comminatoire ; cet ordre du 16 juin
était exécuté le 1er juillet de la même année. (Voy. les
chap. IV et V de ce mémoire.)

3° Du 1er juillet 1859 au 8 août 1861, silence complet.

Ni avertissements ni injonctions quelconques. Mais le 8 août 1861 on me défend, par un monitoire, d'avoir avec ma famille *aucune relation* n'importe en quel lieu, sous peine de suspense *ipso facto*. L'ordre n'était pas raisonnable. On voulait, par ce monitoire, me forcer à donner ma démission, comme le prouve la lettre de Monseigneur en date du 9 août ; ou me placer dans l'impossibilité absolue d'échapper à la suspense, comme cela est arrivé. (Voy. le chap. VI de ce mémoire.)

4° Ce considérant confond donc à dessein les injonctions du 16 juin 1859, qui avaient pour objet la séparation, et qui avaient *reçu leur effet* le 1er juillet de la même année, avec les injonctions du 8 août 1861 qui avaient un autre objet, mais tel qu'on n'en parle même pas. Il donne à entendre que l'ordre de séparation, qui est le seul qu'il énonce, n'était pas accompli le 6 février dernier. Erreur de rédaction qu'on s'afflige de rencontrer dans un document aussi grave.

5° Il suit de là que la suspense prononcée contre moi le 6 février 1862 n'a nullement pour cause un refus de sépa-ration, mais uniquement le refus de rompre *toute relation* avec ma famille, suivant les exigences du monitoire du 8 août 1861. (Voy. le chap. VII de ce mémoire.)

» V. — Considérant que, à raison de ce qui précède et
» de la peine de la censure dont M. Roy a été frappé, *les*
» *embarras et les difficultés d'une situation, déjà si com-*
» *promise, n'ont fait que s'aggraver, au scandale de la*
» *paroisse et au détriment des plus respectables intérêts,*
» *encore bien que, à la dernière extrémité, la belle-sœur*
» *de M. Roy eût quitté le presbytère, mais pour s'établir*
» *dans une maison faisant face à celle de M. le curé,*

» *jusqu'à ce qu'elle fût venue, à une date récente, prendre*
» *domicile à Paris ;*

Observations sur le considérant V. — Il faut rapprocher
ce considérant des deux précédents, pour se faire une juste
idée de l'esprit de cette ordonnance. On a commencé par
dire (considérant III) que M. le curé avait *conservé et
maintenu* telle personne DANS SON HABITATION *à Neuilly*,
AVEC UNE PERSISTANCE des plus regrettables. Puis on a
ajouté (considérant IV) que les *avertissements réitérés
donnés à M. Roy d'avoir à se* SÉPARER *de cette personne
sont restés* SANS EFFET, *de même que les injonctions* avec
menaces, JUSQU'A *ce qu'enfin M. Roy ait dû être déclaré
suspens*, LE SIX FÉVRIER DERNIER. — Poursuivant le même
système, on affirme (considérant V) que, *à raison de ce
qui précède et de la peine de la censure* par lui encourue,
le *scandale* a augmenté, « *encore bien*, dit-on alors, que,
» *à la dernière extrémité*, la belle-sœur de M. Roy eût
» quitté le presbytère ».

Tout lecteur intelligent qui ne connaîtrait les faits que
par cette ordonnance, demeurerait persuadé, après l'avoir
lue, que la séparation pure et simple, exigée en 1859, n'a
été opérée qu'en 1862, *à la dernière extrémité*, et même
après la *censure*. Or, la censure a eu lieu, comme on l'a
vu, *deux ans et demi après la séparation effective ;* elle
n'a point porté sur ce chef, mais sur un tout autre fait que
le considérant passe sous silence.

Comment qualifier maintenant la rédaction de cette
ordonnance ? Ah ! si quelqu'un méritait d'être déclaré suspens *ab ordine et officio*, c'est assurément celui qui,
abusant de la confiance de M. le cardinal, a présenté à sa
signature une pareille pièce. Fait d'autant plus coupable

que cette pièce, ainsi revêtue de la signature de Son Éminence, devait être et a été renvoyée à **M.** le ministre des cultes.

» **VI.** — Considérant qu'une des conséquences dont cette
» situation s'est trouvée singulièrement compliquée, a été
» la nécessité de recourir à Rome une première fois le
» 7 février, puis une seconde fois le 10 mars suivant, afin
» d'obtenir des pouvoirs spéciaux à l'effet de relever l'ec-
» clésiastique dont il s'agit, non pas de la suspense dont il
» avait été frappé le 6 février 1862, ce pouvoir appartenant
» à l'ordinaire, mais de la peine de l'irrégularité que les
» clercs encourent, lorsqu'ils violent la suspense, ainsi que
» cela est arrivé à **M.** Roy (1), peine dont l'absolution,
» dans l'espèce, était réservée au souverain pontife, sans
» que, par la faute dudit **M.** Roy, il eût été possible de lui
» faire l'application de la grâce accordée une première, puis
» une seconde fois par l'indulgence de **N. S. P.** le pape ;
» d'où résultait inévitablement la prolongation indéfinie du
» déplorable état des choses dans la paroisse de Neuilly,
» **M.** Roy restant ainsi lié par l'irrégularité et privé dès lors
» de toute fonction d'ordre et de juridiction ;

Observations sur le considérant VI. — La *nécessité de recourir à Rome était une conséquence* prévue à l'archevêché, provoquée même par le monitoire du 8 août 1861, et dont on s'est servi deux fois pour *compliquer la situation.* Monseigneur avait, en effet, tous les pouvoirs néces-

---

(1) On semble dire que j'ai violé la suspense, et par là encouru l'irrégularité, après le jugement du 6 février dernier. C'est une erreur. Le tribunal a, par la même sentence, prononcé la suspense déjà encourue *ipso facto*, et déclaré l'irrégularité. (Voy. les chap. VII et VIII de ce mémoire.)

saires pour juger le fait de désobéissance au monitoire, et tempérer la peine en tempérant aussi le monitoire. C'est dans cette pensée que le tribunal de l'officialité chercha, le 30 janvier, à se dessaisir de l'affaire. Mais on me renvoya devant ce tribunal, parce qu'il était lié par la lettre du monitoire, et qu'on pouvait prévoir son jugement (1).

L'ordonnance confond encore dans ce considérant VI des choses fort distinctes, lorsqu'elle dit : « sans que, » *par la faute dudit M. Roy, il eût été possible de lui* » *faire l'application de la grâce accordée une première,* » *puis une seconde fois par l'indulgence de N. S. P. le* » *pape* ». Elle confond les deux appels ; elle confond les deux indulgences ; elle confond les deux dénis d'application desdites indulgences. Tout cela est fort différent. Précisons les faits.

Le premier appel avait une cause discutable, mais régulière dans la forme. Le second appel n'a pas d'autre cause que la volonté de l'administration diocésaine. Ce second appel, provenant d'une irrégularité imaginaire ou pour le moins douteuse, a servi de prétexte pour me frustrer de la première indulgence du Saint-Père. Mais cette nouvelle irrégularité étant admise, on peut dire à la rigueur, et malgré ma bonne foi reconnue, que c'est *par ma faute* que j'ai été frustré de la première indulgence. Par malheur, on n'en peut pas dire autant de la seconde indulgence ; ce

(1) La sentence prononcée par l'évêque, en vertu de son pouvoir discrétionnaire, s'appelle, en droit canon, sentence *ab homine*. La sentence prononcée par un tribunal est la sentence *à jure*. La première peut être modifiée par l'évêque qui l'a rendue. La seconde entraîne l'appel à Rome. On savait donc bien ce qu'on faisait, en me renvoyant malgré ma supplique devant le tribunal.

n'est pas, soit en réalité, soit en apparence, *par ma faute*
que j'en ai été frustré ; c'est sans motif et même sans
prétexte. Il n'est donc pas permis de soutenir, avec
le considérant VI, que *la prolongation indéfinie du déplorable état des choses résultait* INÉVITABLEMENT de ma
situation ; elle ne résultait que de la volonté de l'administration diocésaine. Rome m'avait délié deux fois de l'irrégularité ; je n'étais plus lié que par l'ordinaire, et sans cause
à moi connue. (Voy. le chap. X de ce Mémoire.)

» VII. — Considérant que, *au point où le mal était*
» *arrivé, aucune amélioration ne pouvait être espérée et*
» *prouvée,* il a été *d'absolue nécessité* pour nous de con-
» fier le gouvernement de la paroisse de Neuilly à un prêtre
» administrateur, afin de pourvoir ainsi aux besoins spiri-
» tuels de la population et d'*atténuer, autant que possible,*
» *les suites de cet ensemble de funestes circonstances,* ce
» que nous avons fait le 16 du mois dernier, par une ordon-
» nance transmise le lendemain 17 avril, à Son Excellence
» M. le ministre des cultes, notifiée le même jour au clergé
» de la paroisse et aux membres du conseil de fabrique,
» signifiée à M. Roy et *publiée en chaire par la lecture qui*
» *en a été faite aux fidèles assemblés dans l'église parois-*
» *siale ;*

Observations sur le considérant VII. — Je cherche sincèrement à comprendre ce que signifient ces mots : « *au point*
» *où le mal était arrivé, aucune amélioration ne pouvant*
» *être espérée ou prouvée,* etc. » Quand j'examine mes sentiments, je ne le comprends pas ; quand j'examine ma conduite, je ne le comprends pas davantage, car tout ce qu'on
m'avait demandé on l'avait obtenu, même les choses qu'on

n'avait pas le droit de me demander : 1° la séparation d'avec ma famille le 1er juillet 1859 ; 2° la rupture ouverte de toute relation avec ma famille le 6 février 1862 ; 3° l'expulsion de ma famille de la commune de Neuilly le 28 février-suivant. J'avais en outre signé le 7 février l'acte de soumission dicté par Son Éminence. Attendait-on de moi quelque chose de plus ? On ne me l'a pas dit. Que signifie donc ce langage ? De quel mal veut-on parler ? De mal véritable, il n'en a jamais existé. D'un autre côté, le prétendu mal, le mal imaginaire résultant du spectacle des relations les plus légitimes et les plus pures d'un vieillard avec sa famille, n'existait plus, alors qu'on intercédait pour moi le pardon de Rome. Quel est donc, encore une fois, ce *mal* inconnu et cette *amélioration* qu'on ne peut *prouver* et dont on *désespère ?* Cette phrase mystérieuse n'a point de sens ou bien elle n'est faite que pour suggérer au lecteur des conjectures dont on n'oserait pas prendre la responsabilité. Mais cela est plus grave qu'on ne pense.

Quand l'évêque agit dans les limites de son pouvoir discrétionnaire, il peut, si bon lui semble, suspendre un curé *à sacris*, sans dire pourquoi à personne. Mais quand, sortant de ces limites, il veut remplacer un curé inamovible, il est obligé de dire pourquoi à l'autorité civile. Dans ce cas, si l'administration diocésaine a de bonnes et loyales raisons à donner, qu'elle les donne, cela est facile. Mais si elle n'en a pas, rien ne l'autorise à s'écarter de la vérité, comme on l'a fait dans les considérants III, IV et V de cette ordonnance, et encore moins à insinuer des suppositions calomnieuses, comme on semble le vouloir faire dans le considérant VII.

Écartant donc ces suppositions et prenant les faits dans leur simplicité, on voit que *l'absolue nécessité* de confier à un autre le soin de ma paroisse se réduit à *l'absolue volonté* de le faire. Projet éventé depuis longtemps et déclaré par Monseigneur le 9 août 1861.

Dire que cette mesure, prise durant la semaine sainte, *atténua les suites de cet ensemble de funestes circonstances,* cela n'est pas permis.

» VIII. — Considérant que, dans de semblables conjonc-
» tures, et quelles qu'aient été et puissent être encore les
» dispositions de modération, de ménagement et de patience
» dont nous aurions voulu et voudrions ne pas nous départir,
» il nous est impossible de ne pas reconnaître que **M.** Roy
» ne saurait être réhabilité dans sa paroisse de Neuilly, et
» replacé désormais dans des conditions qui permissent
» d'attendre, pour la paroisse et pour la religion, aucun bien
» de sa présence, non plus que des fonctions ecclésiastiques
» dont il reprendrait l'exercice ;

Observations sur le considérant VIII. — Je lis dans la pétition à Monseigneur, pièce souscrite par deux cents notables paroissiens :

«Un grand scandale afflige la commune; c'est la position
» humiliante faite à un vieillard que tout le monde aimait
» à respecter... Le mal grandit, et, dans l'opinion des sous-
» signés, il ne peut être réparé que par le prompt rétablis-
» sement de **M.** l'abbé Roy dans ses fonctions curiales.
» Telle est la vérité que, dans leur conscience, les sous-
» signés se croient obligés de faire connaître à Votre Émi-
» nence. »

Après ce qui précède, c'est tout ce que j'ai à dire sur ce dernier considérant.

L'ordonnance ainsi motivée poursuit en ces termes :

» Vu les pièces et documents relatifs à toute cette affaire,

» *Le saint nom de Dieu invoqué* et notre conseil en-
» tendu :

» Avons ordonné et ordonnons ce qui suit :

» Art. 1er. — La cure de Neuilly est déclarée vacante par
» la déposition que nous faisons et prononçons de M. Pierre
» Roy, qui en était le titulaire depuis le 4 juin 1855.

» Art. 2. — M. l'abbé Manoury, nommé administrateur
» de ladite paroisse par notre ordonnance du 16 avril der-
» nier, conservera ses fonctions que nous lui avons confé-
» rées jusqu'à l'installation du curé dont la nomination
» sera faite ultérieurement par nous et soumise à l'agré-
» ment de l'empereur.

» Art. 3. — Notre présente ordonnance, ensemble les
» documents, pièces de l'instruction de la procédure cano-
» nique, etc., seront transmis à Son Excellence M. le mi-
» nistre des cultes, afin que ladite ordonnance, après qu'elle
» aura été soumise à l'agrément de l'empereur et sanction-
» née par décret impérial, porte son plein et entier effet (1).

» Donné à Paris, sous notre seing, le sceau de nos armes
» et le contre-seing du secrétaire général de notre arche-
» vêché, l'an du Seigneur mil huit cent soixante-deux et le
» quinzième jour du mois de mai.

» *Signé* F.-N. card. Morlot, archevêque de Paris. »

(1) Il est question, dans cet art. 3, de documents, pièces d'instruction et
de procédure à transmettre à Son Exc. M. le ministre des cultes. Je déclare,
pour mon compte, que je n'en connais pas d'autres que celles que j'ai men-
tionnées dans ce mémoire. Si, par hasard, on en produisait d'autres, il serait
étrange qu'on ne me les eût pas communiquées.

Dernière observation. — Elle porte uniquement sur des dates. La pétition des deux cents notables, dans laquelle sont réfutés d'avance les principaux considérants de l'ordonnance qui précède, est du 25 avril ; elle a été remise à l'archevêché entre les mains d'un vicaire général, le 17 mai. L'ordonnance de déposition ne m'a été signifiée, malgré l'*urgence*, que le 25 mai ; mais on remarquera qu'elle est datée du 15, c'est-à-dire, par un pur effet du hasard, de deux jours avant celui où l'on reçut la pétition.

PIÈCES JUSTIFICATIVES

A L'APPUI

DU MÉMOIRE DE M. L'ABBÉ ROY

CURÉ DE NEUILLY

I.

Témoignages de l'autorité diocésaine à l'occasion de la promotion de M. l'abbé Roy à la cure de Neuilly.

1. Lettre de Mgr Sibour, archevêque de Paris, à Son Exc M. Fortoul, ministre des cultes.
2. Lettre de Mgr l'évêque de Tripoli.
3. Lettre de M. l'abbé Tresvaux, chanoine et vicaire général.

II.

Documents relatifs à l'enquête faite à Neuilly l'an 1859, à l'insu de M. le curé.

4. Lettre de M. le curé de Neuilly à la sœur Gosselet.
5. Réponse de la sœur Gosselet.
6. Lettre de M. de Margerie, président de la Société de Saint-Vincent de Paul.
7. Lettre de M. X..., relative à la visite faite à mon frère par M. le promoteur (document réservé).

III.

Documents et actes relatifs à la procédure après l'enquête.

IV

*Documents produits à l'archevêché, fin août 1861,
à l'appui d'une demande de contre-enquête.*

32. Lettre de M. de Chambry.
33. Lettre de M. Azémard.
34. Lettre de M. Coipel.
35. Lettre de M. Levert.
36. Lettre de M. Pinel.
37. Lettre de M. Putel.
38. Lettres de MM. Semelaigne et Lemoine.
39. Lettre de M. Becquet.
40. Lettre de M. Legrand.
41. Lettre de M. Millot.
42. Lettre de M. Garnaud.
43. Lettre de M. Decaux.
44. Lettre de Mme Brassier.

V.

Documents relatifs à l'abbé D...

45. Lettre de M. l'abbé D.
46. Lettre de M. Buquet, 20 mai 1859.
47. Lettre de M. Buquet, 2 juillet 1859.
48. Lettre de M. Boyer.
49. Lettre de M. Buquet, 25 mars 1860.
50. Lettre de M. Buquet, 6 avril 1860.

VI.

Documents réservés relatifs à mes premiers diffamateurs, M. l'abbé C... et M. l'abbé M...

51. Lettre de M. le commissaire de police (en portefeuille).
52. Une lettre de M....., ancien gouverneur de l'île de la Réunion (en portefeuille).

I

Témoignages de l'autorité diocésaine, à l'occasion de la promotion de M. l'abbé Roy à la cure de Neuilly.

1.

Lettre de Mgr Sibour, archevêque de Paris, à Son Excellence M. Fortoul, ministre des cultes, en faveur de M. l'abbé Roy, deuxième vicaire de Saint-Germain des Prés, et actuellement curé de Neuilly.

Paris, le 24 avril 1854.

Monsieur le ministre,

J'ai pour M. l'abbé Roy, en faveur duquel Votre Excellence m'a fait l'honneur de m'écrire, une estime toute particulière, c'est un très bon prêtre que je n'oublie pas. L'intérêt que vous lui portez, monsieur le ministre, est pour moi un nouveau motif de songer à lui.

La paroisse de l'Assomption, dont vous me parlez, ne sera pas de longtemps érigée. Vous savez que récemment j'ai voulu donner une marque de bienveillance en le nommant à un premier vicariat. Il a préféré rester à Saint-Germain des Prés où il se trouve bien en qualité de deuxième vicaire. J'ai dû ne pas insister. Je trouverai, j'espère, une meilleure occasion de lui prouver mes sentiments. Seulement, il serait difficile que je pusse songer à le nommer curé, avant qu'il eût été premier vicaire, sans indisposer le clergé des paroisses. C'est la marche ordinaire suivie dans l'administration du diocèse de Paris. Nous ne nous en écartons que très rarement, et pour des cas exceptionnels qui ne peuvent éveiller en rien les susceptibilités de notre sainte et laborieuse milice.

Vous pouvez compter, monsieur le ministre, que je saisirai la première occasion de lui offrir quelque chose de plus important que le vicariat qu'il a refusé, pour le mettre sur la voie d'arriver à une cure. Les mérites de M. Roy et le haut intérêt que vous lui portez le demandent également.

Recevez, monsieur le ministre, l'assurance de ma haute considération et de mes sentiments les plus dévoués.

† M. D. AUGUSTE,

archevêque de Paris.

Pour copie conforme à l'original :

L'abbé ROY,

curé de Neuilly.

20 novembre 1861.

2.

Archevêché de Paris, 12 mai 1855.

Mon cher monsieur l'abbé,

J'ai le plaisir de vous annoncer que Mgr l'archevêque vient de vous nommer à la cure de Neuilly.......

Je me réjouis que Monseigneur ait pu ainsi récompenser votre zèle. Il vous en faudra déployer beaucoup dans le poste important qui vous est confié. Vous y remplirez, je n'en doute pas, les desseins de Dieu et les espérances de vos supérieurs.

Veuillez recevoir l'assurance de mon bien affectueux dévouement.

† LÉON,

évêque de Tripoli.

3.

Paris, 6 juin 1855.

Monsieur le curé,

Je n'ai pu assister à votre prise de possession, quoique vous eussiez bien voulu m'y inviter, mais je n'ai pas pris moins d'intérêt à votre nomination. Les bons sentiments qui vous animent et que je connais depuis longtemps me persuadent que vous serez à Neuilly *in resurrectionem multorum*. Je prie Dieu de tout mon cœur qu'il bénisse votre nouveau ministère et le rende des plus fructueux.

Vous serez désormais plus loin de moi que vous ne l'avez été jusqu'ici ; mais les longues preuves d'attachement que vous m'avez données, et parfois dans des circonstances qui avaient à mes yeux un mérite particulier, me font espérer que vous voudrez bien venir encore me voir quelquefois.

Recevez, avec mes vœux, l'assurance du sincère attachement que vous conserve,

Monsieur le curé,

Votre très dévoué serviteur,

TRESVAUX,
chanoine et vicaire général (1).

II

Documents relatifs à l'enquête faite à Neuilly, en 1859, à l'insu de M. le curé.

4.

A la sœur Gosselet, ex-supérieure de la communauté de Neuilly.

Paris, 8 février 1862.

Ma bonne et très chère sœur,

.... Permettez-moi de solliciter de votre esprit de justice et

(1) Au commencement du mois de juin, malgré son grand âge (quatre-vingts ans), et sa santé débile, le vénérable doyen du chapitre de Notre-Dame a bien voulu m'honorer de sa visite à Neuilly et des marques de la plus noble sympathie. Plusieurs autres membres distingués de cet illustre chapitre ont imité son exemple, et je les en remercie ici du plus profond de mon cœur.

d'impartialité un témoignage auquel j'attache le plus grand prix, aujourd'hui surtout. N'est-il pas vrai que quelques jours avant votre départ, à l'occasion d'une enquête que M. le promoteur du diocèse faisait contre moi et ma belle-sœur, M. l'abbé Véron vous a adressé les plus graves questions de la morale, et que, las de vous entendre dire : « NON, NON, MONSIEUR LE PROMOTEUR, VOUS ALLEZ PROVOQUER DU SCANDALE, » IL VOUS A TOURNÉ LE DOS SANS VOUS SALUER, ET S'EST RETIRÉ comme un manant?

Veuillez recueillir vos souvenirs, et vous vous convaincrez que je ne fais que citer textuellement vos paroles dans une allée du jardin.

Mon témoignage a besoin d'être confirmé par le vôtre, autrement on me regardera comme un calomniateur.

Agréez, etc.

P. ROY,
curé de Neuilly.

Réponse de la sœur Gosselet.

Annappes (Nord), 14 février 1862.

Monsieur le curé,

Oui, monsieur le curé, je me rappelle les paroles que je vous *ai citées*, à la suite de la visite de M. le promoteur, ELLES SONT TELLES QUE VOUS LES RAPPORTEZ, à l'exception de la dernière phrase qui ne fut point *achevée par moi*. Veuillez vous en souvenir,

J'ai donc, en répondant aux questions que m'a adressées l'archevêché, répondu comme il suit : « Je ne me rappelle pas de » m'être servi d'aucune qualification à l'endroit de M. le promo-» teur. »

Je serais fâchée que ma réponse pût vous être défavorable, mais la vérité est pour chacun de nous.

J'ai l'honneur, etc.

Sœur AUGUSTINE.

6.

Lettre de M. le président de la Société de Saint-Vincent de Paul.
(Voy. p. 35 du Mémoire.)

7.

*Lettre de M. X..., relative à la visite faite à mon frère par
M. le promoteur.* (Document réservé.) Pour mémoire.

III

Documents et actes relatifs à la procédure après l'enquête.

8.

Lettre de M. l'abbé Buquet.

Archevêché de Paris, 16 juin 1859.

Monsieur le curé,

Je suis chargé d'une mission pénible, mais que je dois remplir :
c'est de vous communiquer de nouveau la décision prise relativement à votre belle-sœur. *Le premier délai qui avait été accordé
était le mois de mai.* On n'a pas urgé ; mais on n'accorde plus que
jusqu'au 1ᵉʳ juillet, sous peine de retrait de pouvoirs.

Pour moi, je vous engage, dans vos intérêts, à commencer cette
séparation sans bruit : on ne pense pas qu'il en résulte rien de fâcheux pour vous, *il n'y aura plus rien à dire.*

La meilleure solution, à mon avis, *si elle est possible,* serait que
le mari et la femme se réunissent de bon accord, avec des garanties mutuelles.

Veuillez recevoir, monsieur le curé, l'assurance de mes sentiments dévoués.

L. BUQUET, vicaire-général.

9.

Monitoire. (Voy. p. 47 du Mémoire.)

10.

Réponse de Son Eminence à une demande d'audience.
(Voy. p. 49 du Mémoire.)

11.

*Lettre de M. Véron, en réponse à une demande de contre-enquête
adressée à Monseigneur.* (Voy. p. 50 du Mémoire.)

12.

Citation à comparaître devant le tribunal de l'officialité.

Archevêché de Paris, 24 janvier 1862.

Nous, Louis-Charles Buquet, official du diocèse de Paris, à la
requête de M. le promoteur, citons M. Roy, curé de Neuilly, à
comparaître, le jeudi 30 du présent mois, à deux heures de l'après-
midi, par devant le tribunal de l'officialité, séant au palais archiépiscopal, pour répondre et s'entendre condamner, s'il y a lieu, sur
l'accusation portée contre lui, à savoir : d'avoir enfreint la défense
qui lui a été faite et notifiée, le 8 août de l'année dernière.

Cette citation, par ordre de Son Éminence le cardinal archevêque, tiendra lieu des trois citations canoniques, et lui sera remise par M. l'abbé Lemée, secrétaire de l'archevêché.

Fait à Paris, le 24 janvier 1862.

L'official du diocèse,

L. BUQUET.

13.

Acte de soumission fait au prétoire par le conseil de mes juges.

(Voy. p. 55 du Mémoire.)

14.

Jugement de l'officialité. (Voy. p. 56 du Mémoire.)

15.

Deuxième acte de soumission de M. le curé de Neuilly, acte dicté par Monseigneur lui-même au palais de l'archevêché, le vendredi 7 février 1862.

Justement frappé par le jugement rendu contre moi, le 6 de ce mois, et *effrayé des conséquences qui en résulteraient inévitablement pour la religion, pour le corps auquel j'appartiens* et pour moi, je déclare dans les sentiments les plus sincères, qu'à dater de ce jour je me soumettrai exactement et rigoureusement aux prescriptions qui m'ont été faites, le 8 du mois d'août 1861, me soumettant à toutes les conditions qu'elles m'imposent.

Je regrette, je désavoue et rétracte devant Dieu et devant mes supérieurs ecclésiastiques toute parole, toute démarche ou tout acte qui ont pu être et qui ont été contraires aux sentiments de respect et de soumission dont un prêtre doit toujours être animé.

P. ROY,
Curé de Neuilly.

16.

*Première supplique adressée au Saint-Père, rédigée et apostillée
par Son Eminence.* (Mémoire.)

17.

6 mai 1862.

Monsieur le curé,

Je suis venu ce matin, en toute hâte, pour vous demander s'il est vrai, comme on nous l'a assuré hier, que vous ayez donné le salut dimanche, avant d'avoir été relevé de votre irrégularité. Je déplorerais ce nouvel embarras dont je ne vois pas comment vous pourriez sortir ; car Son Éminence est persuadée qu'elle ne peut pas vous relever de cette nouvelle faute, sans recourir encore à Rome.

Je veux espérer que le récit qui nous a été fait n'est pas conforme à la vérité.

LANGENIEUX,
Promoteur.

18.

*Deuxième supplique au Saint-Père, rédigée et apostillée
par Son Eminence.*

ARCHEVÊCHÉ DE PARIS.

Parisiis, die decimo mensis martii, anno 1862.

Beatissime Pater,

Ad pedes Sanctitatis Vestræ humillime procumbens infra scriptus presbyter Petrus Roy, ecclesiæ vulgo Neuilly in diœcesi Parisiensi parochus, quam maxima confusione et cordis amaritudine exponit Eminentissimum Cardinalem Archiepiscopum Parisiensem non potuisse sibi ipsi applicationem facere dispensationis a Sanctitate Vestra benigne concessa super irregularitate in quam misere incidit ex eo quod ab ordine et officio antea interdictus, pluria sacra peragere non extimuerat.

Precibus enim ad sanctam Sedem Apostolicam perlatis ut ab irregularitate solveretur, imo et *responso favorabili accepto*, sed nundum ad executionem demisso, pluries interim idem supplex orator in sacris vestibus et schola parochiali indutus coram populo ad sacra in ecclesia congregato apparuit, sacris officiis præfuit, imo et parochianos sic congregatos cum sanctissimo Sacramento *semel benedixit* EX FALSA CONSCIENTIA ET QUADAM BONA FIDE.

De iis omnibus gemens et dolens sicuti ex aliis quæ primo admisit contra regulas sacras, ordinis sui et muneris obligationes et debita, enixe et instantissimis precibus gratiam implorat paternamque indulgentiam, ita ut perinde valeat, non obstantibus supra dictis, facultas eadem quam tribuere dignata est Sanctitas Vestra, die 17° februarii proxime elapsi Eminentissimo Card. Arch. Parisiensi.

Vere et sincere pœnitens et ad meliorem frugem nunc et pro semper reversus veniam, misericordiam et apostolicam benedictionem implorat,

Beatissime Pater,

Sanctitatis Vestræ

humillimus, obsequentissimus et devotissimus

servus et filius,   Petrus ROY.

Votis et precibus humillime implorat apostolicam indulgentiam, gratiam et misericordiam infra scriptus Card. Archiep. Parisien-sis pro supplici presbytero parocho interdicto et in irregularitatem misere delapso, ut iterum dignetur Sanctitas Sua illi *veniam facere et benigne annuere ut ad absolutionem admittatur de qua ipsum non abusurum postea sperat et confidit.*

Pro se et pro grege sibi commisso benedictionem apostolicam implorat Sanctitatis Suæ humillimus et addictissimus filius servus et creatura F.-N.-M. card. Morlot, arch. Parisiensis.

Parisiis, 10 martii 1862.

19.

Lettre constatant que le document qui précède a été écrit par Monseigneur.

Archevêché de Paris, **24 mai 1862.**

Monsieur le curé,

Auriez-vous la bonté de m'envoyer la minute écrite de la main de Son Eminence de la lettre que vous avez adressée au Saint-Père? Je crois que vous l'avez emportée par mégarde, car je ne l'ai pas retrouvée dans mon bureau.

Recevez, monsieur le curé, l'assurance de mes sentiments res-pectueux et dévoués en N.-S.

LANGENIEUX,
Chanoine honoraire promoteur.

20.

Ordonnance archiépiscopale du 16 avril 1862, portant nomination d'un administrateur de la paroisse.
(Voy. p. 70 du Mémoire.)

21.

Pétition adressée à Monseigneur avec les signatures des pétitionnaires.

A Son Éminence le cardinal Morlot, archevêque de Paris.

Neuilly, 25 avril 1862.

Les soussignés ont appris avec une douloureuse surprise que le 16 avril 1862, il avait été nommé un administrateur de la paroisse de Neuilly.

Dégagés de toute passion, mus seulement par les intérêts de la religion et de la morale, les soussignés pensent qu'il est de leur devoir d'éclairer Votre Eminence sur le véritable état des esprits dans la ville qu'ils habitent. Ils viennent donc lui déclarer, avec respect mais avec franchise, qu'on l'a trompée sur le compte de M. l'abbé Roy. On a affirmé à Votre Eminence que la situation de notre commune était devenue affligeante par suite de circonstances de notoriété publique, et qu'il était, par conséquent, devenu nécessaire de confier les fonctions curiales à un administrateur.

Les soussignés reconnaissent qu'il y a en effet, aujourd'hui, une situation irrégulière et profondément affligeante, mais cette situation ne saurait être imputée, sans injustice, au vénérable prêtre qui en est la victime, elle est l'ouvrage de ses calomniateurs.

Est-il besoin de rappeler ici les services sans nombre que M. l'abbé Roy a rendus à la paroisse? L'église restaurée et enrichie, beaucoup d'ordre et de régularité apportés dans les cérémonies religieuses, le concours croissant des fidèles ; la foi se manifestant par l'abondance des aumônes et la fréquentation plus assidue des sacrements, l'institution de nombreuses bonnes œuvres, enfin, pour couronner ces témoignages d'un zèle si véritablement apostolique, les sacrifices personnels de notre pasteur, et cette inépuisable charité que personne n'a jamais invoquée en vain. Tout cela est public et défie toute contradiction.

Quant à la vie privée de M. Roy, qui a servi de prétextes à des insinuations si perfides, un grand nombre d'entre les soussignés en ont été témoins et opposent le démenti le plus formel à des dénonciations parties des sentiments les moins avouables du cœur humain, et mal dissimulées sous l'apparence d'un faux zèle. Jamais une âme honnête n'a été scandalisée des rapports que M. l'abbé Roy entretenait, depuis tant d'années, publiquement, sans mystère, à la parfaite connaissance de ses supérieurs, avec sa famille dont il est le protecteur naturel et malheureusement le seul appui ; ses relations journalières avec ses paroissiens, ses amis, ses vicaires étaient, comme avec les siens, affectueuses, cordiales, et l'intérieur du presbytère présentait un esprit vraiment patriarcal.

C'est aujourd'hui seulement, quand ses cheveux blancs, sa longue carrière sacerdotale, ses vertus éprouvées auraient dû le mettre à l'abri de soupçons si odieux, c'est aujourd'hui que des gens qui ne se nomment pas, affichent des scrupules dont personne encore ne s'était avisé. Les soussignés n'ont pas à défendre, sous ce rapport, la conduite de M. le curé ; sa moralité n'est point sérieusement mise en doute même à l'archevêché.

Le grief principal, et l'on pourrait dire le seul, est dans le retard mis à la séparation pénible que Votre Eminence avait ordonnée. Cependant ce retard, on ne l'ignore pas, n'est point le fait de M. l'abbé Roy. Il ne s'explique que trop naturellement par la résistance d'une mère de famille qui, n'étant pas elle-même dans les liens de la discipline ecclésiastique, ne se croyait pas tenue d'obéir sans réflexion à une décision qui touchait de si près à son honneur et même à celui de sa fille.

Voilà ce qui a motivé les suspenses qui ont frappé notre cher et vénéré pasteur. Mais Rome dans sa souveraine sagesse, et sur votre recommandation paternelle, a tout pardonné, tout effacé.

Quelques-uns des soussignés, ayant eu l'honneur d'entretenir Votre Eminence à ce sujet, étaient, après cette audience, en droit d'espérer que l'autorité diocésaine, fidèle à ses propres conseils, ne se montrerait pas plus sévère que ne l'a été l'infaillible gardien des lois et de la discipline de l'Eglise.

Les détracteurs anonymes de M. l'abbé Roy ont, à la vérité, prétendu que sa réintégration était impossible ; les paroissiens eux-mêmes se sont chargés de mettre à néant cette allégation, par l'accueil sympathique et plein d'émotion qu'ils ont fait à leur vieux curé quêtant le denier de Saint-Pierre, humblement, sans étole, le jour de la fête des Rameaux. Il n'est que la malveillance qui ait pu chercher à dénaturer le caractère d'une si touchante démonstration.

En résumé, Monseigneur, rien n'est plus vrai, un grand scandale afflige la commune : c'est la position humiliante faite à un vieillard que tout le monde aimait à respecter.

La mesure qui le frappe est tellement rigoureuse que le public indifférent sera invinciblement conduit à supposer des motifs déshonorants pour lui. Ces motifs, le parti irréligieux les accepte déjà et les propage sans autre examen, non par suite d'aucune prévention personnelle, mais en haine du caractère ecclésiastique. Ce qui réjouit ce parti et avec lui les délateurs, inquiète au contraire, et contriste profondément les fidèles et toutes les âmes vraiment chrétiennes.

Le mal grandit, et, dans l'opinion des soussignés, il ne peut être réparé que par le prompt rétablissement de M. l'abbé Roy dans ses fonctions curiales.

Telle est la vérité que, dans leur conscience, les soussignés se croient obligés de faire connaître à Votre Eminence. C'est avec l'accent de la prière et la douce confiance qu'ils ont dans votre miséricorde, si elle était nécessaire, qu'ils attendent le résultat de leur respectueuse démarche.

Les soussignés prient Votre Eminence d'agréer l'expression de leur profonde vénération.

Liste des personnes qui ont signé la pétition ci-dessus.

CONSEILLERS MUNICIPAUX

MM. Soyer, premier adjoint, doct. en médecine, propriétaire.

Pinel, docteur en médecine, chevalier de la Légion d'honneur, propriétaire.

Hautefeuille, chevalier de la Légion d'honneur, ex-avocat à la Cour de cassation, propriétaire.

Millot, pharmacien, propriét.

Laflèche, propriétaire.

Hurel, propriétaire.

Boucher, propriétaire.

Julien, architecte, propriétaire.

Boucher, propriétaire.

Marcel, architecte de la ville de Paris, propriétaire.

Roland, propriétaire.

Legrand, propriétaire.

Mailly, propriétaire.

Laurent Richard, propriétaire.

Blanché, ex-notaire, propr.

Decaux, propriétaire.

N. B. Le conseil municipal se compose de vingt membres : un est mort, un autre est absent, et quinze ont signé conjointement avec le premier adjoint.

MARGUILLIERS.

MM. Petit, propriétaire.

Noblet, propriétaire.

Guillaume, propriétaire.

Hautefeuille, propriétaire.

Laflèche, propriétaire.

Gilet, propriétaire.

MM. les marguilliers ont déjà fait une pétition en particulier, laquelle a été signée par tous les membres.

MAÎTRES DE PENSION.

Internats et externats.

MM. Roblot, propriétaire.

Hautot.

Ricard.

Laguarrigue.

Berdoulat.

Dex-Borugne.

Fournier.

Nyon, ancien chef d'institution, chevalier de la Légion d'honneur, propriétaire.

MAÎTRESSES DE PENSION.

Internats et externats.

Mmes Biré.

Liétart, propriétaire.

Férand, propriétaire.

Bascans.

Wautzel.

Mlles Subert.

Douvignes.

Rougieron.

Dorfeuil.

H. Lehmann.

E. Chazaud.

Mme Bouchiquet.

PROPRIÉTAIRES.

MM. de Margerie, propriétaire, président de la Société de Saint-Vincent de Paul.

Poulain, propriétaire.

Grandier, administrateur du bureau de bienfaisance et de la caisse d'épargne, propriétaire.

Lainiel, propriétaire.

Mayer, propriétaire.

Julien, architecte, propriétaire.

Lecoq, propriétaire.

Parenteau, négociant.

Coipel, receveur municipal.

Delon, rentier.

Lefebvre, rentier.

Bigot, propriétaire.

Lacaume, propriétaire.

Vibert, propriétaire.

E. Vibert, propriétaire.

L. Vibert, propriétaire.

André Thierry, propriétaire.

Haverna, propriétaire.

Sonozez, rentier.

Mmes veuve Bégé, rentière.

Barbaroux, propriétaire.

Moutardier, rentière.

MM. de Chambry, chevalier de la Légion d'honneur, commandant de la garde nationale, receveur des contributions directes.

Gervais, ex-commandant de la garde nationale, chevalier de la Légion d'honneur.

le Dr Putel, chevalier de la Légion d'honneur, propriétaire.

le docteur Semelaigne.

le docteur Legrand.

le docteur Lemoine.

le docteur Ferrand, propriétaire.

Garnaud, pharmacien.

Mmes Prost, propriétaire.

Plumier, propriétaire.

Leboucher, propriétaire.

Allavoine, rentière.

Veuve Willequez, propriétaire.

MM. Tourneaux, propriétaire.

Valtier, rentier, propriétaire.

Bonnefoy, propriétaire.

Chavignot, propriétaire.

Lerebours, propriétaire.

Crapelet, propriétaire.

Zachéroni, propriétaire.

Chapron, rentier.

Azémard, architecte, propriét.

Mmes veuve Perrin, propriétaire.

Charansonnet, propriétaire.

Veuve David, propriétaire.

Veuve Dutocq, propriétaire.

Chevalier, propriétaire.

MM. Dumuis, propriétaire.

Meunier, propriétaire.

Ledru, avocat.

Guillaume, ex-directeur des contributions indirectes.

Lecaudey, capitaine de la garde nationale, négociant.

Mathis, chevalier de la Légion d'honneur, sous-chef au ministère de la guerre.

Éclancher, propriétaire.

Séguin, propriétaire.

Camus, rentier, propriétaire.

Poitrey, propriétaire.

Collas.

Mmes Veuve Cubertier, propriétaire.

Veuve Jauvrin, propriétaire.

MM. Attlainel, propriétaire.

Donon, propriétaire.

Lévêque, propriétaire.

Giraud, rentier.

de la Loge, propriétaire.

L. Mégi, négociant.

Mme veuve Saulnier, propriétaire.

MM. Brunet fils, propriétaire.

Brunet père, propriétaire.

Cléry, propriétaire.

Tantin père, propriétaire.

Le Brun, rentier.

Cliquet, rentier.

G. Planchon, négociant.

Mmes veuve de la Bretonnière, prop.

veuve Millot, rentière.

veuve Saint-Paul, rentière.

veuve Dardes, rentière.

Thorès, rentier.

MM. le docteur Pigaire.

F. Thimermann, propriétaire.

Touzelin, rentier.

Terray, rentier.

Quéruel, propriétaire.

Alexandre, propriétaire.

Born, propriétaire.

Deschamps, propriétaire.

Callet, ex-député.

Sénard, rentier.

Piot, rentier.

LE PARC DE NEUILLY.

M. Crocy, capitaine en retraite, chevalier de l'ordre impérial de la Légion d'honneur, chef surveillant du domaine de Neuilly.

Mme Crocy.

M. et Mme Carpentier, propriétaires.

Mme veuve Fontana, propriétaire.

M. Pilloy, propriétaire.

M. et Mme Doucet, propriétaires.

M. Lenordez, propriétaire.

Mme C. Lenordez, propriétaire.

M. et Mme Bourgeois, propriétaires.

M. et Mme Atge, propriétaires.

Mme Atge Pottger, f. d'Arche, prop..

M. Chapuzot, propriétaire.

M. et Mme Legros, rentiers.

M. et Mme Dumoutier, rentier.

M. et Mme Reclus, rentier.

M. et Mme Chanton, propriétaires.

M. et Mme Leroux, propriétaires.

M. F. Godin aîné, propriétaire.

M. Caudron, propriétaire.

Mme veuve Duquet, propriétaire.

Mme veuve Durand, propriétaire.

M. et Mme Dusautoy, propriétaires.

M. et Mme Louvet, propriétaires.

M. Caudron, propriétaire.

M. Carnet, propriétaire.

Mme Carnet, propriétaire.

M. J.-M. Cournier, propriétaire.

M. et Mme Lhermiteau, propriétaire.

M. et Mme Spiquel, propriétaires.

M. et Mme Guyot, rentiers.

M. Leboucher, propriétaire.

Mme Blo, f. Leboucher, rentier.

M. Libert (Armand), propriétaire.

M. Tremblaire, propriétaire, inspecteur général de l'imprimerie et de la librairie.

M. et Mme de la Fresnet, propriét.

M. Charral, propriétaire.

M. et Mme Bézot aîné, rentiers.

M. et Mme Pagny aîné, rentiers.

M. et Mme Legevrin, rentiers.

M. et Mme Legrains, propriétaires

M. et Mme Desbrosses, propriétaires.

M. et Mme Bulteau, propriétaires

M. le colonel la Borde, gouverneur du Luxembourg, commandeur de la Légion d'honneur, etc.

MM. J. Villeneuve, rentier.
F. Lemercier, propriétaire.
Saint-Salvy, propriétaire.
E. Chapron, rentier.
Magis. propriétaire.
Fontaine, propriétaire.

Mme C. Fontaine, propriétaire.

MM. F. Douchement, propriétaire.
A. de Saissas, propriétaire.
Lindenberger, rentier.
Savine, propriétaire.

DÉCOMPOSITION DE LA LISTE DES SIGNATAIRES.

16 conseillers municipaux sur 18.

6 marguilliers sur 9. Tous avaient déjà signé une pétition à part, et aujourd'hui l'un des trois qui n'ont pas signé est attaché à la mairie en qualité d'employé.

1 colonel, commandeur de la Légion d'honneur, etc.

1 commandant de la garde nationale.

1 ex-commandant de la garde nationale.

8 membres de la Légion d'honneur.

8 docteurs en médecine.

2 pharmaciens.

2 receveurs des contributions.

20 maîtres et maîtresses de pension.

Les autres signataires sont, ou des propriétaires ou des rentiers les plus notables de la commune.

22.

Lettre accompagnant la pétition.

Paris, 18 mai 1862.

Éminence,

Les soussignés ont l'honneur de vous adresser la pétition ci-jointe : c'est une protestation contre les bruits calomnieux que l'on a répandus à dessein sur le compte de M. l'abbé Roy et qui ont amené sa suspense. Ont signé ladite pétition : le premier adjoint; quinze conseillers municipaux sur dix-huit (le conseil se compose de vingt membres, mais l'un est mort et l'autre absent) ; six membres du conseil de fabrique (ces derniers ont déjà remis à Votre Éminence une supplique particulière, votée et signée à l'unanimité) ; huit maîtres de pension; douze maîtresses de pension ; huit docteurs en médecine; deux pharmaciens; cent cinquante propriétaires. Un plus grand nombre de signatures auraient

pu être recueillies sans l'annonce de votre prochain départ pour
Rome. Celles-ci suffiront, du moins les soussignés l'espèrent, pour
prouver à Votre Éminence que l'immense majorité des habitants de
Neuilly, le conseil municipal en tête, non-seulement estiment et
honorent M. l'abbé Roy, mais encore pensent qu'il est de leur
devoir de vous faire connaître la vérité. Puisse Votre Éminence
accueillir favorablement cette dernière et respectueuse démarche,
en faveur d'un vieillard justement vénéré et digne de toute sympathie !

Les soussignés prient Votre Éminence d'agréer l'expression de
leurs sentiments les plus dévoués et les plus soumis.

Ont signé :   Le docteur PINEL,
                        membre du conseil municipal.

                              Le docteur PUTEL,
                     ancien membre du conseil municipal,

23.

Troisième acte de soumission. (Voy. p. 77 du Mémoire.)

24.

Réponse de Son Éminence à la lettre précédente.
(Voy. p. 78 du Mémoire.)

25.

*Ordonnance archiépiscopale datée du 15 mai, signifiée le 25,
et portant déposition du curé de Neuilly. (Voy. p. 82 du Mémoire.)*

26.

ADMINISTRATION DES CULTES.

ARRÊTÉ.

Le ministre secrétaire d'État au département de l'instruction
publique et des cultes ;

Vu la lettre en date du 17 avril 1862, par laquelle Son Éminence le cardinal archevêque de Paris demande qu'il soit fait application à M. Roy, curé de Neuilly, des dispositions du décret du
17 novembre 1811, concernant les curés éloignés temporaire-
ment de leurs paroisses pour cause de mauvaise conduite ;

Vu l'avis conforme de M. le sénateur préfet de la Seine, en
date du 30 mars 1862 ;

Vu les art. 1 et 2 du décret du 17 novembre 1811, 27 du
décret du 6 novembre 1813 et 27 de l'instruction ministérielle sur
les payements des dépenses des cultes, en date du 1ᵉʳ avril 1823 ;

Arrête :

ARTICLE PREMIER.

Le procuré nommé par Son Éminence le cardinal archevêque
de Paris pour remplacer M. Roy, curé de Neuilly (Seine), dans
l'exercice de ses fonctions, percevra, à titre d'indemnité, pendant
toute la durée du remplacement, à partir du 17 avril 1862, une
somme égale aux deux tiers de ce traitement. Il aura, en outre, la
jouissance du casuel et du presbytère de la paroisse de Neuilly.

ART. 2.

M. le sénateur préfet de la Seine est chargé de l'exécution du présent arrêté dans la délivrance des mandats du traitement.

Signé ROULAND.

Paris, le 7 juin 1862.

Pour ampliation :

Pour le conseiller d'État directeur général de l'administration des cultes empêché,

Le chef de la deuxième division,

Signé Victor HAMILLE.

Pour copie conforme :

Le secrétaire de l'archevêché,

Signé PETIT, *secrétaire*.

Paris, le 7 juin 1862.

IV

Documents produits à l'archevêché, fin août 1861, à l'appui d'une demande de contre-enquête.

27.

Lettre collective de quelques notables de Neuilly.

Neuilly, 28 août 1861.

Monseigneur,

Monsieur Roy, curé de Neuilly, est depuis quelque temps sous le coup d'indignes et infâmes calomnies ; toutes les personnes honorables de la ville en sont profondément affligées et regrettent, dans l'intérêt de la religion, qu'on ait écouté et accepté sans un contrôle sévère ces misérables dénonciations.

Des mesures graves tout à fait imméritées et qui blessent cruellement la dignité pieuse et résignée du prêtre, ainsi que les sentiments naturels de la famille, ont été prises à l'égard de M. Roy. Quelques amis de M. le curé de Neuilly qui honorent son caractère, connaissent sa piété exemplaire et sa charité inépuisable, qui savent tout le bien qu'il fait à la paroisse, ont cru pour éviter un plus grand scandale, en rendant hommage à la vérité, devoir éclairer l'autorité ecclésiastique supérieure ; ils ont adressé à cet effet et spontanément à M. Roy des lettres qu'il a remises dans les mains d'un grand vicaire : dictées par un esprit de justice et de loyale impartialité, elles feront connaître à Votre Grandeur que sa religion a été surprise.

Nous venons prier Votre Éminence de jeter elle-même un coup d'œil sur ces lettres et de les comparer aux délations ténébreuses des ennemis de M. Roy. Nous vous demandons en grâce de mettre en balance la valeur des témoignages d'hommes estimables avec celle de gens qui agissent lâchement dans l'ombre et sous l'influence de sentiments haineux et égoïstes.

Nous sommes bien convaincus, Monseigneur, qu'après avoir examiné religieusement vous-même cette affaire, vous serez le premier à rendre justice à M. Roy, tout en calmant la conscience alarmée des fidèles.

Permettez-nous, Monseigneur, de vous dire que ces témoignages sont ceux du juge de paix, du premier adjoint, du commandant de la garde nationale et receveur des contributions directes, de plusieurs conseillers municipaux, d'un commissaire de police de Paris, du président de la Société de Saint-Vincent de Paul, du receveur des contributions indirectes, du receveur municipal, d'un architecte du gouvernement, de deux pharmaciens, de sept docteurs en médecine.

Veuillez agréer, Monseigneur, l'expression bien sentie de notre vénération et de notre profond respect.

1° Pinel, conseiller municipal, directeur de la maison de santé au château Saint-James.

2° Docteur Semelaigne.

3° A. Lemoine.

4° Levert, receveur des contributions indirectes.

5° Margerie, président de la Société de Saint-Vincent de Paul.

6° Coipel, receveur municipal.

7° Millot, pharmacien, conseiller municipal.

8° Garnau, pharmacien, conseiller municipal.

28.

Lettre de M. Lordereau, commissaire de police à Paris, ex-commissaire à Neuilly.

PRÉFECTURE DE POLICE.

VILLE DE PARIS. — 5ᵉ ARRONDISSEMENT.

Commissariat de police du quartier Saint-Victor.

Paris, 20 août 1861.

Monsieur le curé,

C'est avec un profond étonnement et la plus vive douleur que j'apprends les nouveaux ennuis qui vous sont suscités par la calomnie.

Je remplis donc mon devoir d'honnête homme, de bon chrétien et de loyal fonctionnaire, en faisant la déclaration suivante :

J'ai reçu, il y a cinq ans, je crois, la visite (à mon commissariat de Neuilly) de M. l'abbé Buquet, attaché à l'archevêché ; il s'agissait de connaître la valeur des bruits qui circulaient, au sujet de madame votre belle-sœur.

Après une assez longue conversation, M. l'abbé Buquet fut de mon avis, en déclarant que vous ne deviez faire aucune concession aux calomnies qui cherchaient à vous atteindre.

Vous voudrez bien vous souvenir, monsieur le curé, des conseils que je me suis permis de vous donner, je voulais poursuivre vos calomniateurs, mais la charité chrétienne vous a fait un devoir de pardonner ; je vous dis alors : Vos ennemis sont abattus, mais non vaincus, attendez-vous à de nouvelles attaques.

Vous voyez, monsieur le curé, que j'avais raison, et que, quand la calomnie s'attache à un honnête homme, elle ne le quitte pas facilement.

J'ai été reçu, je m'en souviens avec plaisir, dans votre intérieur, j'y ai rencontré les gens les plus honorables de Neuilly, j'ai vu ce qui s'y passait et j'ai plaint les misérables qui vous attaquaient.

Pourquoi votre maison n'est-elle pas de verre? Ce serait votre meilleure justification.

Je fais des vœux, monsieur le curé, pour que la vérité arrive jusqu'à Mgr l'archevêque, et elle y arrivera, Dieu aidant.

Pourquoi ne faites-vous pas appel à M. de Margerie? Quand il aura parlé, qui oserait douter ?

Daignez agréer, monsieur le curé, l'assurance de mon profond respect et de mon entier dévouement.

Le commissaire de police,
Signé LORDEREAU.

16, rue Cuvier.

29.

Lettre de M. le Président de la Société de Saint-Vincent de Paul.

Je soussigné, propriétaire, âgé de soixante-dix ans, habitant la commune de Neuilly, depuis plus de quarante ans, et y ayant toujours occupé une position indépendante, appelé aujourd'hui à donner mon opinion sur M. le curé de Neuilly, déclare la donner ici, en mon âme et conscience, et avec toute la véracité d'un bon chrétien.

Admis dans l'intimité de M. l'abbé Roy (il est bon de faire remarquer que je ne me suis jamais assis à la table de M. le curé, ni lui à la mienne, et que je ne suis point marguillier), presque dès son arrivée dans la paroisse, j'ai pu l'étudier de près, à loisir et avec suite, et j'ai reconnu, sans grand'peine, que, sous une écorce un peu rude quelquefois, on trouvait le cœur du bon pasteur, tout pour ses brebis. Depuis six ans que je fais partie de son troupeau, je ne lui ai connu qu'une seule et unique pensée, le bien de nos âmes. Et aujourd'hui même, 15 août, notre église, pleine à chacune de nos six messes, et quinze cents communions, sont là pour prouver que les soins qu'il ne cesse de donner à la maison de Dieu ont produit les plus heureux résultats.

Quant à l'accusation que de mauvais paroissiens ont osé porter (sans articuler aucun fait) contre les mœurs de M. le curé, je réponds à ces calomniateurs qu'ils ne l'ont certainement jamais vu dans son intérieur, alors que madame sa belle-sœur habitait avec lui. S'ils eussent un instant observé sa tenue, son air, ses regards, ses façons, ses discours, ils n'y auraient vu que la candeur et la simplicité d'un petit enfant, ou la calme et sereine affection d'un bon père de famille, et se seraient tous d'abord écriés : *On nous a trompés, ce n'est pas là l'homme.*

Ils ne l'ont pas fait, et l'accusation, tout odieuse et tout absurde qu'elle est, subsiste. Quels sont les accusateurs, quel est leur nombre, leur valeur ?

En attendant qu'ils se fassent connaître, donnons, sans citer de noms propres, une liste abrégée de ceux qui aiment, estiment et respectent M. le curé.

1° Tout son clergé (une exception peut-être); 2° tous les membres de la fabrique (une exception); 3° toutes les sœurs de charité; 4° tous les frères des écoles chrétiennes; 5° tous les membres de la Société de Saint-Vincent de Paul (une exception); 6° tous les médecins de la commune; 7° tous les maîtres et maîtresses de pension, etc., etc. Que les persécuteurs de M. le curé produisent leur liste : on comparera. J'ajouterai que, quand on tourmente le chef de la paroisse, on tourmente la paroisse tout entière ; on donne une pâture aux méchants, et on fait que les bons se demandent s'il ne serait pas temps, après six ans, de laisser le pauvre pasteur respirer et vaquer au soin de son troupeau.

Dernière réflexion. Ce n'est pas à M. l'abbé Roy que la calomnie a commencé à s'attaquer aux curés de Neuilly. Je me souviens très bien que, dans le cours de son exercice, le prédécesseur de M. le curé actuel, saint prêtre s'il en fut jamais, se vit plus d'une fois en butte aux dénonciations calomnieuses des mauvais paroissiens d'alors, et cet homme vénérable, obligé de descendre à se justifier, ne parvenait jamais, sans de grands efforts, à faire accorder plus de créance à la parole du curé qu'aux téméraires allégations de ses obscurs accusateurs.

Signé MARGERIE.

Président de la Société de Saint-Vincent de Paul.

A Neuilly, le 15 août 1861.

————————

30.

Lettre de M. le juge de paix de Neuilly.

JUSTICE DE PAIX DU CANTON DE NEUILLY
(SEINE).

Neuilly, 16 août 1861.

Monsieur le curé,

Vous m'avez fait hier soir l'honneur de m'adresser cette question, vous m'avez dit : « Suis-je un prêtre scandaleux ? »

Je n'ai pas compris d'abord, vous vous êtes expliqué, et vous me demandez une réponse écrite.

Cette réponse sera courte et franche, la voici :

J'ai été nommé à la justice de paix de Neuilly par décret du 3 novembre 1859. J'ai été installé le 26 du même mois, et je n'habite ma résidence que depuis le 1er avril 1860.

J'ai dû vous faire, comme à tous les fonctionnaires, ma visite officielle, vous me l'avez rendue et vous avez eu l'obligeance de m'offrir votre concours, toutes les fois que j'en aurais besoin.

Renfermé dans mes fonctions, nos relations ont été peu fréquentes, monsieur le curé, mais je n'ai jamais entendu par personne rapporter un fait qui pût atteindre votre moralité.

Dans une affaire dont la publicité pouvait devenir un véritable scandale entre personnes vivant d'une manière peu régulière, je fis appel à votre charité chrétienne (il y avait des enfants, très innocents des méfaits que se reprochaient leurs parents, il ne fallait pas flétrir ces jeunes êtres et laisser une tache dans leur avenir), je réclamai votre secours, et je dus à votre chaleureuse intervention une transaction que sans vous je n'eusse pas obtenue.

Vous m'avez encore aidé, monsieur le curé, pour empêcher la résistance de la part d'héritiers à une apposition de scellés, ordonnée par M. le président du tribunal civil de la Seine; sans doute, j'aurais vaincu cette résistance, agissant par ordre et pouvant appeler la force publique, comme la loi m'en donne le droit. Eh bien! au milieu de vos devoirs pieux dans la maison mortuaire, vous êtes officieusement intervenu, et vous avez évité le scandale qu'auraient produit contre ces héritiers l'appel et la présence de la force armée ; je vous en renouvelle mes remercîments.

Je ne parle pas des actes de charité dont j'ai été le témoin ou dont j'ai eu connaissance : tout le monde sait que votre main est inépuisable.

Enfin, monsieur le curé, dans toutes les circonstances, j'ai reconnu à la fois en vous l'homme d'honneur, éminemment éclairé, ferme, juste, équitable, et le prêtre complétement digne de son ministère sacré.

Recevez, monsieur le curé, avec ce sincère témoignage, l'assurance de ma respectueuse considération.

Signé NOGENT SAINT-LAURENT père,
juge de paix du canton de Neuilly (Seine).

31.

Lettre de M. Soyer, premier adjoint et docteur en médecine.

MAIRIE DE NEUILLY (Seine),

CHEF-LIEU DE CANTON.

Neuilly, 16 août 1861.

Monsieur le curé,

Votre lettre m'étonne beaucoup et m'afflige profondément. Elle m'étonne, parce que je croyais que désormais vous étiez tranquille, et que vous étiez débarrassé à toujours de tous les ennuis qui vous avaient pendant longtemps rendu la vie si pénible ; elle m'afflige, parce que je vois vos ennemis rouvrir une nouvelle campagne contre vous, et vos supérieurs accueillant encore les infamies colportées par de fausses dévotes, par des bonnes chassées de chez vous pour vol, ou encore par quelques hommes que vous avez dû chasser de l'église, à votre arrivée dans la commune, pour leur indigne conduite, et qui ne vous le pardonneront jamais. Un prêtre scandaleux ! vous, monsieur le curé ; mais ceux qui vous traitent ainsi ne sont donc jamais entrés dans l'église de Neuilly ; ils ne veulent donc pas voir qu'en aucun temps, aucun curé de cette paroisse n'a attiré autant de monde dans son église, que jamais toutes les œuvres de piété, de charité n'ont été dans un état si florissant ; qu'ils demandent aux malheureux du pays à qui ils doivent de n'avoir ni faim ni froid dans le plus rigoureux des hivers, et ils verront ce qu'il leur sera répondu.

Voilà vingt-cinq ans que je suis dans la commune, je puis me flatter d'être bien avec ce qu'il y a de plus honorable, et d'être en rapport journalier avec bien du monde ; eh bien ! monsieur le curé, jamais je n'ai entendu dire par personne rien qui puisse toucher à votre moralité, à votre honorabilité. Sans doute, dans un temps, d'infâmes propos ont été tenus, mais j'ai dû croire, et cela pour de bonnes raisons, que l'on en avait depuis longtemps reconnu l'indigne fausseté, et que l'on ne devait plus jamais revenir sur des choses que votre conduite, depuis six ans, dément de la manière la plus formelle. Reprenez donc courage, monsieur le curé, et soyez convaincu que, si la commune était appelée à répondre à la question que vous me faites, comme moi, elle dirait : non, monsieur le curé, vous n'êtes pas un prêtre scandaleux; mais vos ennemis sont bien lâches et bien infâmes, et vos supérieurs trop faciles à tromper. Quant à moi, monsieur le curé, vous me connaissez et savez que si vous étiez ce que l'on prétend, je ne vous serrerais pas cordialement la main comme je le fais aujourd'hui plus fort que jamais, en vous assurant de mon estime la plus sincère et de mon dévouement le plus entier.

Signé SOYER,
premier adjoint au maire de Neuilly.

32.

Lettre du commandant de la garde nationale et receveur des contributions directes.

GARDE NATIONALE DE LA SEINE.

8ᵉ SUBDIVISION.   —   35ᵉ BATAILLON.

Neuilly, le 22 août 1861.

Monsieur le curé,

Je suis autant intéressé au maintien de l'ordre public et du respect à l'autorité que vous êtes vous-même obligé d'édifier et d'instruire vos paroissiens dans l'ordre religieux. Ces ordres se confondent et se soutiennent mutuellement, et c'est pour cette raison que je prends la liberté de vous écrire.

Des bruits fâcheux ont été répandus sur votre compte et ils sont parvenus jusqu'à moi. J'en ai été aussi surpris que peiné, aussi les ai-je repoussés avec indignation.

J'ai l'honneur de vous connaître depuis longtemps, monsieur le curé, et jamais je n'ai rien entendu qui ait pu atteindre votre réputation d'ecclésiastique zélé, bienfaisant et édifiant vos paroissiens par votre parole évangélique, par l'assiduité à vos saintes fonctions et par votre tolérance qui est à la hauteur de l'époque. C'est cette dernière vertu, je le crains, qui a probablement irrité ceux qui, oubliant la charité et l'amour du prochain que demande le vrai christianisme, ont osé calomnier leur pasteur.

Je ne veux pas faire porter plus d'attention qu'elles ne méritent à ces ignobles menées, mais j'estime trop votre caractère pour vous engager à prendre en considération la malveillance qui vous en veut.

Vous pouvez bien penser, monsieur le curé, que c'est le culte de la justice et le mépris de la calomnie qui m'ont déterminé à vous adresser ce peu de lignes.

Veuillez agréer, monsieur le curé, avec l'assurance de mon profond dévouement, l'expression de mes respectueux sentiments.

Le commandant de la garde nationale,

Signé DE CHAMBRY.

33.

Lettre de M. Azemar, architecte.

Monsieur le curé,

J'ai appris avec la plus douloureuse surprise les calomnies malveillantes qui circulent, dans le but de vous atteindre jusque dans vos affections de famille, et en dénaturant leur saint et pur caractère. Il ne suffit pas de mépriser ces odieuses rumeurs; il convient, au contraire, de les repousser hautement. Tous les honnêtes gens qui, grâce à Dieu, sont en majorité, s'empresseront d'attester votre honorable et sainte vie. Cet éclatant témoignage fera bonne et prompte justice des détestables manœuvres pratiquées dans l'ombre par une poignée de misérables.

Veuillez agréer, monsieur le curé, l'assurance de ma respectueuse affection et de mes sentiments les plus dévoués.

Signé AZÉMAR,

propriétaire.

Paris, 21 août 1861.

34.

Lettre de M. Coipel, receveur municipal.

Neuilly, le 23 août 1861.

Monsieur le curé,

J'ai l'honneur de répondre aux questions que vous m'adressez concernant mon opinion sur votre personne.

Depuis que j'ai l'honneur de vous connaître à la tête du clergé de la paroisse de Neuilly, je vous ai toujours considéré comme un digne ministre du Seigneur, bon pour tout le monde, généreux et charitable envers les malheureux ; et si la calomnie de quelques personnes a cherché à vous nuire, soyez persuadé, monsieur le curé, que la plus grande majorité de vos paroissiens a toujours eu pour votre personne les meilleurs sentiments de vénération.

Depuis votre administration, l'église de Neuilly peut rivaliser par sa tenue parfaite, son ordre et ses cérémonies, avec la plupart des églises de Paris, et c'est à votre bonne direction, monsieur le curé, que nous devons tant de progrès.

Recevez, monsieur le curé, l'assurance de mes sentiments respectueux.

Signé COIPEL,

receveur municipal.

35.

Lettre de M. Levert, receveur des contributions indirectes.

Neuilly, 22 août 1861.

Monsieur le curé,

C'est avec le plus grand étonnement et la plus profonde indignation que j'ai appris de votre propre bouche les propos que l'on tient, m'avez-vous dit, sur votre compte au sujet de vous et de votre belle-sœur.

J'étais d'autant plus éloigné de penser que l'objet de votre visite était de venir me demander des renseignements sur ce que j'avais pu apprendre à ce sujet dans le public, ma position me mettant à même de voir beaucoup de monde.

Eh bien ! je puis vous certifier par écrit ce que je vous ai dit de vive voix, que je n'ai jamais entendu parler en mal de vous, sous quelque rapport que ce soit.

Il est bien regrettable que la calomnie se soit déversée sur vous à cause des tracasseries qu'elle vous occasionne dès à présent ; soyez persuadé que j'en suis vivement contrarié, et que j'espère qu'elle tournera à la honte et à la confusion de ceux qui ont cherché à la répandre dans le public.

Agréez les sentiments du plus profond respect avec lequel j'ai l'honneur d'être, monsieur le curé,

Votre très humble et obéissant serviteur.

Signé LEVERT,
receveur particulier des contributions indirectes à Neuilly.

36.

Lettre de M. le docteur Pinel.

MAISON DE SANTÉ DU DOCTEUR C. PINEL NEVEU,
Chevalier de la Légion d'honneur.

Neuilly, 18 août 1861.

Monsieur le curé,

Je suis vraiment désolé d'apprendre que vous êtes de nouveau sous le coup d'indignes et misérables accusations, et que l'on va jusqu'à oser articuler que vous tenez une conduite scandaleuse dont les paroissiens de Neuilly seraient péniblement impressionnés.

Que quelques gens sans consistance morale ou d'une médiocre

valeur, dont les intérêts et l'amour-propre ont été froissés, aient essayé, dans l'ombre et sous le manteau de la religion, de ternir votre réputation d'homme de bien, de prêtre pieux et charitable, cela peut se concevoir ; mais que l'autorité ecclésiastique supérieure ait écouté ces odieuses dénonciations, et ait eu la faiblesse d'y croire, sans vouloir vous entendre, cela me paraît peu évangélique et tout à fait contraire à la justice divine et humaine. Pourrait-elle mettre un instant en balance ces ténébreuses et iniques délations, et l'assertion toute contraire d'hommes honorablement placés dans la société, profondément indignés de ces perfides et mensongères manœuvres ?

Dans un esprit de concorde et d'humilité, vous avez obéi aux ordres de vos supérieurs, et vous avez fait taire les sentiments de la nature en éloignant du presbytère votre belle-sœur qui, depuis plus de quinze ans, abandonnée de son mari avec ses deux enfants, dirigeait l'intérieur de votre maison. Pleine de tendresse pour sa jeune famille, de dévouement et d'obligeance pour ceux qui l'approchaient, elle a su s'attirer l'estime et le respect de vos amis, et de tous ceux qui avaient l'honneur d'être reçus chez vous.

On trouve néanmoins que ce sacrifice n'est pas suffisant, et l'on veut vous interdire toute communication avec cette respectable mère de famille, et vous priver ainsi de voir son fils et sa fille dont vous êtes le tuteur naturel et le seul soutien.

Devez-vous courber la tête et subir encore cette intolérable injonction ? Votre humilité et votre soumission toutes chrétiennes apaiseraient-elles les haines de vos méprisables calomniateurs ? Vous laissera-t-on enfin jouir du repos et du calme si désirables à votre âge et dans l'état de santé où vous êtes ? Osera-t-on aller plus loin, et voudra-t-on, pour obvier à de prétendus scandales, jeter la paroisse de Neuilly dans le désordre et la division, en alarmant les consciences des fidèles ? A-t-on calculé toute la gravité et tout le mal qu'entraînerait une pareille mesure ? A-t-on pensé que vous accepteriez en silence et sans protester une décision déshonorante et imméritée, et a-t-on pu croire que vos nombreux amis, tous ceux qui vous estiment et honorent votre caractère, qui connaissent votre dévouement et votre charité pour les pauvres, qui savent le bien que vous avez fait depuis six ans que vous dirigez l'église de cette commune, resteraient lâchement indifférents, et ne prendraient pas hautement votre défense avec le zèle et l'énergie qu'inspire une disgrâce non motivée ?

Quant à moi, monsieur le curé, qui ai pu apprécier les belles qualités de votre âme, la générosité de votre cœur, et qui ai été témoin de toute votre ardeur, de tout votre empressement dévoué à relever et à faire prospérer l'église de Neuilly, je me mets, comme toujours, à votre disposition, et suis prêt à rendre hommage à la vérité, en certifiant que votre conduite, loin d'être blâmable, ne mérite que des éloges.

Veuillez agréer, monsieur et cher curé, l'assurance de ma considération très distinguée et de mon affectueux dévouement.

Signé PINEL,
conseiller municipal.

37.

Lettre de M. le docteur Putel.

Très cher, très honorable et très excellent curé,

Après la conversation que je viens d'avoir avec vous, j'en suis à me demander si je suis bien éveillé ; c'est à croire que l'on rêve ! Comment, c'est vous que l'on oblige en quelque sorte à demander un certificat de bonne vie et mœurs ! C'est vous que l'on accuse d'être un sujet de scandale pour vos paroissiens ! C'est à ne pas croire, j'en suis encore tout ému, surpris et indigné !

Il connaissait profondément le cœur humain celui qui a dit : « Calomniez, calomniez, il en restera toujours quelque chose, » et c'est vous, mon bon ami, qui êtes en butte à ce venin des méchants, et l'autorité ecclésiastique abusée prête l'oreille à ces calomniateurs ! cela dépasse toute prévision humaine.

J'ai besoin pour expliquer de pareilles anomalies de me rappeler que votre bon et vénérable prédécesseur, dont j'ai été longtemps le médecin, dont je suis et je serais toujours, je l'espère bien, l'ami intime, a, lui aussi, la pauvre et douce victime, trouvé des Judas Iscariote jusque dans la maison de Dieu ; ils l'ont poursuivi de la même manière que vous en ce moment, jusqu'à ce qu'il succombât à la peine, jusqu'à ce que, miné sourdement par une lutte qui n'avait pas de fin, épuisé au moral et au physique, il résignât, avant l'âge de la retraite, des fonctions qu'il remplissait si digne-ment.

Vous le voyez, la méchanceté et l'injustice sont de tous les temps.

J'ignore quels sont vos persécuteurs, je ne les soupçonne même pas ; mais, quels qu'ils soient, à quelque catégorie de la société qu'ils appartiennent, demandez à l'autorité dont vous relevez de les mettre en face de vos défenseurs, et nous verrons alors si leur audace ira jusqu'à soutenir devant des hommes honorables, les mensonges qu'ils ont accumulés contre vous !

Devant Dieu et devant les hommes, voilà ce que je pense de vous ; je vous demande pardon de vous le dire à vous-même et d'une façon aussi brutale en quelque sorte, mon excuse est dans les cir-constances présentes.

J'ai l'honneur et le plaisir de vous connaître depuis que vous êtes à Neuilly, avant même (car c'est auprès du lit de votre prédéces-seur que je vous vis pour la première fois). Depuis ce moment où je ne vous ai plus perdu de vue pour ainsi dire, je n'ai jamais en-tendu articuler contre vous un seul fait qui puisse incriminer en rien votre caractère et votre moralité.

Je vous sais juste et bon, généreux et secourable plus qu'aucun autre dans la commune ; la tenue remarquable de votre église, l'affluence considérable des fidèles qui s'y pressent, prouvent que non-seulement vous êtes un bon prêtre, mais encore un bon administrateur. Mais à ces qualités vous joignez un grand défaut qui, pour moi médecin, tient plutôt à votre organisation physiologique qu'à votre caractère, vous dites trop vite et trop haut ce que vous pensez aussi bien à vos amis qu'à vos ennemis. Voilà, pardonnez-moi de vous le dire, votre principal et votre plus grand défaut. Quant à ce qui est de votre immoralité, je répondrai à cette sotte accusation par une déclaration que je fais ici dans toute la sincérité de mon cœur.

Je ne connais pas dans Neuilly *un seul homme* auquel je confierais plus volontiers ma femme et ma fille, si elle était en âge d'être soupçonnée.

Je vous en ai écrit bien long, mon bon curé, et cependant il me semble que je n'ai pas dit la millième partie du bien que je pense de vous.

En attendant que le mensonge soit confondu et que la vérité triomphe, je vous prie d'agréer l'expression de mes sentiments les plus respectueux en même temps les plus affectueux.

Signé Dr Putel.

38.

Lettres de MM. les docteurs Semelaigne et Lemoine.

Très cher et très honorable curé,

J'ai suivi avec un douloureux étonnement toutes les phases de la guerre acharnée et injuste que l'on vous fait depuis plusieurs années. D'abominables calomnies, je le sais, en ont été l'origine. Que des hommes à passions basses, des dévots et des dévotes de mauvais aloi se soient entendus pour vous nuire, cela se conçoit : le mal, comme le bien, est dans les choses humaines ; mais que dans votre clergé vous ayez rencontré des ennemis, je vous avoue avec sincérité que j'ai plus de peine à le comprendre. Où donc, si ce n'est là, régnera l'esprit de charité et de concorde dont parle l'Écriture ? Malheur à qui scandalise, a dit Jésus-Christ. Vraiment, je tombe de mon haut, en apprenant que pareille accusation est dirigée à l'heure qu'il est contre vous. Le scandale, s'il y en a, est et sera l'œuvre de vos ennemis et non point la vôtre.

Serait-il possible que l'on ajoutât foi sans contrôle à la parole de quelques misérables (c'est le nom des calomniateurs) et que le témoignage de gens sans aveu et qui se cachent dans l'ombre, prévalût sur le nôtre donné au grand jour, aux yeux de l'autorité ecclésiastique? Non, cela ne peut pas être. Tout pouvoir, quel qu'il soit, se respecte et n'agit pas en aveugle; il n'y a pas de justice d'ailleurs sans débat contradictoire.

Qu'avez-vous fait en définitive, depuis que vous êtes au milieu de nous? Sous votre administration sage et éclairée, l'église de Neuilly a prospéré et prospère toujours : la paroisse vous doit ainsi une partie de son lustre et de sa richesse; un grand nombre de malheureux vivent, à la connaissance de tout le monde, de vos largesses et de vos aumônes. Qu'exige-t-on de plus?

Ah! monsieur le curé, on vous reproche d'avoir gardé près de vous madame Roy, votre belle-sœur, et d'avoir élevé sans doute les enfants de votre frère. Ce dernier les avait abandonnés, qu'importe? Prêtre, vous deviez être sans entrailles : pour quelques-uns, vous le savez, le prêtre ne doit point avoir de famille. Mais, grâce à Dieu, ces idées désespérantes ne sont pas celles de l'autorité ecclésiastique qui les rejette avec mépris comme antichrétiennes.

La distinction physique et les qualités de l'esprit chez madame Roy ont soulevé contre elle, d'un autre côté, des jalousies féminines. Il est difficile, il est vrai, de réunir à plus d'aménité plus de noblesse. Nature vulgaire, on n'aurait rien dit d'elle et elle eût vécu paisiblement sous votre toit, ainsi que cela se voit tous les jours, sans blesser la susceptibilité ombrageuse de personne.

Depuis quelques années des trames odieuses ont donc été ourdies contre vous, et parmi vos vicaires il s'en est trouvé, à certaine époque, d'assez indignes pour vous susciter toutes sortes de tribulations. Nous les avons connus ces modèles de vertu, ils ne méritaient certes guère le titre honorable qu'ils portaient. On les a crus cependant (tant la médisance, cette haine déguisée, s'insinue partout avec habileté), puisqu'on sacrifice pénible a été imposé à votre cœur. Vous avez obéi; madame Roy a quitté le presbytère de Neuilly.

Aujourd'hui, vos ennemis s'aperçoivent, à ce qu'il paraît, que le sacrifice n'est point assez complet. Quoi! une injonction vous serait arrivée qu vous interdirait de voir madame votre belle-sœur partout où elle sera, et de quel droit, si haut qu'il soit placé ? On ne sait donc pas que c'est vous qui l'avez élevée, que vous l'avez vue enfant avant qu'elle devînt la femme de votre frère et que ses enfants, votre neveu et votre nièce, ont grandi dans votre maison ? Pour en venir là, quelle mine diabolique il a fallu creuser sous vos pieds! Troubler votre repos, empoisonner votre existence, quelle charité évangélique! Voilà donc le triste plaisir de ceux qui vous persécutent!.. Votre défaut, si c'est là un défaut, c'est de vous exprimer, en toute circonstance, avec une spontanéité trop pleine de franchise.

Mettez la main sur votre cœur, monsieur le curé, et comme votre conscience ne vous reproche rien, marchez résolument dans la voie que vous vous êtes tracée et ne courbez point la tête en coupable : la conscience, un grand philosophe l'a dit, fait la moralité de nos actions.

Toutefois, après avoir fait une contre-enquête et vous avoir entendus, vous et vos défenseurs, l'autorité diocésaine enfin mieux renseignée reviendra, je n'en doute pas, sur les mesures sévères qu'elle a prises à votre égard. Le bien avec la justice, n'est-ce pas le but qui la guide toujours? Il est impossible par conséquent qu'on vous empêche de vous défendre par tous les moyens licites.

Veuillez agréer, monsieur le curé, avec l'expression de mes regrets les plus vifs sur la situation pénible qui vous est faite, l'assurance de mon entier dévouement.

Signé Dr SEMELAIGNE.

Neuilly, 21 août 1861.

Profondément reconnaissant de la bienveillance que veut bien me témoigner le vertueux curé de Neuilly, je saisis avec empressement l'occasion de rendre hommmage à la vérité en adhérant de toutes les forces de mon cœur aux sentiments exprimés par l'onorable rédacteur de cette lettre.

Signé Dr Antoine LEMOINE.

Neuilly, 21 août 1861.

39.

Lettre de M. le docteur Becquet.

Neuilly, 23 août 1861.

Monsieur le curé,

J'ai su que vous êtes menacé par l'autorité diocésaine de peines disciplinaires graves, et cela, parce que vous seriez, paraîtrait-il, une occasion de *scandale* pour votre commune. Je ne puis qu'être surpris de la sévérité des termes de cette accusation, et je considère comme souverainement injuste et absolument contraire à la vérité la prétention d'élever à la hauteur d'un scandale public les propos malveillants de quelques personnes isolées.

Je vous autorise, monsieur le curé, à faire de ma lettre l'usage que vous voudrez, et je saisis cette occasion de vous renouveler l'assurance de ma considération la plus distinguée.

Signé Dr BECQUET.

40.

Lettre de M. le docteur A. Legrand.

Neuilly, 20 août 1861.

Monsieur le curé,

La question que vous m'avez fait l'honneur de me poser (si vous aviez été pour la commune un sujet de scandale) m'a jeté dans la plus étrange surprise. Depuis votre arrivée à Neuilly, je vous ai toujours connu pour un pasteur plein de zèle et de charité, vif, mais aimant à faire le bien et cherchant toutes les occasions de le faire; pour un administrateur habile, qui a cherché à tirer parti des ressources que renferme notre belle commune et qui ont été jusqu'à ce jour ou négligées ou exploitées au profit de l'égoïsme d'un petit nombre. Dans l'exercice de la profession médicale, en rapport avec toutes les classes de la commune, j'ai bien entendu émettre des insinuations malveillantes à votre égard, mais je n'ai pu obtenir l'articulation d'aucun fait précis et je les ai attribués sans peine à la jalousie et à la malveillance qui ne manquent jamais d'attaquer la vie privée des personnes les plus respectables, comme elles avaient attaqué déjà la conduite de votre vénérable prédécesseur. —J'ai vu, au contraire, avec bonheur, que par vos soins éclairés notre paroisse avait pris rang parmi les premières et les mieux administrées de Paris, et je forme les vœux les plus sincères pour que la calomnie, cessant de vous troubler dans votre repos, vous permette de consacrer votre temps à de nouvelles bonnes œuvres qui n'attendent que votre initiative pour prendre naissance dans notre ville de Neuilly.

Heureux de vous rendre ce témoignage, je suis avec respect, monsieur le curé, votre très humble serviteur,

Signé A. LEGRAND, docteur.
132, avenue de Neuilly.

41.

Lettre de M. Millot, pharmacien et conseiller municipal.

Neuilly, 19 août 1861.

Depuis que M. Roy est curé dans cette commune, l'église n'est pas assez vaste pour les fidèles qui s'y rendent d'après les invitations réitérées du pasteur. L'opinion de tous les gens sérieux et honnêtes est en faveur de M. Roy qui, par sa conduite exemplaire, sa justice et son impartialité, mérite les égards de ceux qui le connaissent.

Si des bruits absurdes, indignes et complétement ignorés de moi et de ma famille sont venus jusqu'aux oreilles de plusieurs personnes, ma conviction est que ces bruits sont le résultat de haines ou de jalousies personnelles qui ne doivent en rien ternir la réputation d'un prêtre respectable qui, par ses actes de charité, mérite l'estime et l'affection de ses paroissiens.

Je suis heureux de pouvoir signer ce que je pense à ce sujet, afin que justice soit rendue et que la paix de notre pasteur ne soit plus troublée par des cabales cachées et qui ne peuvent s'avouer au grand jour.

Signé MILLOT,

propriétaire, pharmacien, conseiller municipal,
162, avenue de Neuilly.

42.

Lettre de M. Garnaud, pharmacien.

Le plus proche voisin de l'église, j'ai eu souvent l'heureux privilége de voir M. le curé et de causer avec lui. Je professe pour M. Roy la plus haute estime. Sa piété sincère sans affectation, et son langage toujours édifiant et sans fiel, la franchise du caractère de M. le curé, son zèle à remplir ses devoirs de bon pasteur, le soin excessif qu'il a de son église, les notables améliorations qu'il a apportées dans les offices pour faciliter à chaque paroissien la pra-

tique de ses devoirs religieux, ont dû rendre M. l'abbé Roy cher à
toute la paroisse de Neuilly. En effet, je n'ai jamais entendu parler
de M. le curé qu'avec beaucoup d'éloges ; chacun se plaît à rendre
justice à ses vertus ; un seul désir qui perce toujours dans sa conversation, c'est de faire de l'église de Neuilly une église modèle, et
de chaque paroissien un zélé serviteur de Dieu.

Voilà en peu de paroles tout le mal que j'ai à dire de ce digne
homme.

Signé A. GARNAUD.

———————

43.

Lettre de M. Decaux, conseiller municipal.

Monsieur le curé,

Vous m'avez parlé de bruits mensongers que l'on faisait courir
sur vous en ce moment, de la peine que cela vous faisait et si j'a-
vais eu connaissance de tout cela. Je puis vous dire, monsieur le
curé, que je n'ai rien appris de pareil, que ce sont de pures calomnies dont on veut vous faire souffrir et qu'il faut en mépriser les
auteurs. Quant à moi, je puis affirmer personnellement que vous
remplissez vos fonctions avec dignité et le plus charitablement qu'il
vous est possible. Croyez bien, monsieur le curé, que ces calomnies tomberont d'elles-mêmes et veuillez agréer la considération
distinguée avec laquelle

j'ai l'honneur d'être un de vos paroissiens,

Signé DECAUX,
conseiller municipal de Neuilly.

28 août 1861.

———————

44.

*Lettre de madame Brassier, directrice de la salle
d'asile de Neuilly.*

Neuilly, le 20 août 1861.

Monsieur le curé,

Mon respect et mon dévouement pour vous me font un devoir
de revenir sur les étranges paroles que vous avez prononcées
lors de cette petite visite que vous avez daigné me faire, visite qui
m'avait comblée de joie ainsi que mes enfants et qui a été troublée
par une aussi odieuse révélation. « Vous êtes, m'avez-vous dit, un
sujet de scandale pour le pays. » On vous accuse de quoi, pourquoi
et comment? J'ai beau interroger autour de moi, je ne trouve que
des cœurs disposés à la reconnaissance et à l'affection.

Parmi les cinq cents familles que j'ai connues à Neuilly depuis
que vous y exercez votre saint ministère, et dont quelques-unes
sont des plus honorables, il n'en est pas qui aient refusé de rendre
témoignage à votre charité et à votre bienfaisance, et, pour ne parler que de ces honnêtes commerçants, de ces pauvres ouvriers pleins
de cœur, chaque fois que j'ai fait un appel à votre charité pour
leurs misères morales ou physiques, il a été toujours entendu, et ils
ont été secourus au delà de leurs vœux. Ce ne sont pas eux qui vous
calomnient, non ce ne sont pas eux, de cela je réponds, car ils vous
aiment. Qu'il y ait un calomniateur isolé, cela est possible; on en
a trouvé pour Notre-Seigneur, mais que peut-il faire devant l'estime
publique? Affliger votre cœur, blesser votre conscience de prêtre
et vous infliger la torture de vous défendre? Heureusement que la
vérité est d'essence divine et que généralement les hommes sont
meilleurs qu'on ne les fait ; ils sauront la trouver au besoin.

Monsieur le curé, je vous adresse les vœux de mes petits enfants,
de leurs bons parents et les miens, et je puis vous affirmer que vous
avez dans le monde des amis dévoués.

Veuillez agréer, monsieur le curé, l'expression de mon dévouement et de mon profond respect.

Signé F. BRASSIER,

Directrice de la salle d'asile de Neuilly.

V

Documents relatifs à l'abbé D...

45.

Neuilly, 23 juin 1858.

Monsieur l'abbé D... a l'honneur de prévenir monsieur le curé que, pour lui être agréable, il dira la messe de mariage de demain, quoique ce soit la quatrième messe tardive qu'on lui impose exclusivement depuis le 10 courant.

Sa dignité lui fait un devoir d'observer que les affiches ne sont pas des raisons ; qu'au reste, l'autorité lui défend d'en avoir peur.

L'abbé D...,

docteur en théologie, deuxième vicaire.

46.

Archevêché de Paris, 20 mai 1859.

Monsieur le curé,

En sortant de la confirmation, j'ai demandé à M. D... son prône ; il m'a répondu qu'il n'était pas écrit, cependant qu'il m'enverrait copie de ce qu'il avait écrit.

J'ai cette copie que je n'ai pas eu le temps de lire ; j'en causerai avec vous, et j'appellerai ensuite M. D... (1).

Agréez, monsieur le curé, etc.

Signé BUQUET.

(1) Cette lettre est relative à une nouvelle diatribe de M. D... contre son curé et toute l'administration de la paroisse, dans son prône de la grand'messe.

47.

Archevêché de Paris, 2 juillet 1859.

Monsieur le curé,

Je ne puis comprendre, ni n'accepte la parole qui serait sortie de la bouche de M. D... (en présence de ses confrères) qu'il *y a environ cinq mois, l'autorité lui aurait fait un reproche de ne vous avoir pas traité de misérable.*

J'aurai une explication avec lui à ce sujet, mais j'ai voulu protester tout de suite contre une pareille allégation (1).

Veuillez agréer, etc.

Signé : BUQUET,
vicaire général.

48.

Neuilly, 24 mars 1860.

Monsieur l'archidiacre,

J'ai l'honneur de vous informer que M. D..., deuxième vicaire à Neuilly, après bien des efforts inutiles pour m'engager à suivre son exemple d'insubordination envers M. le curé, en me disant *qu'avant d'obéir je devais voir si la chose était* juste..., vient de mettre le comble à ses insultes à mon égard, en me disant qu'avant tout, je devais *être prêtre et honnête homme,* et cela en revenant de dire la messe, et une autre fois m'insultant à peu près de la même manière au moment où j'allais monter au saint autel. Dieu m'aidant, je me suis contenu, mais serais-je aussi heureux une autre fois ? C'est pourquoi je vous prie, monsieur l'archidiacre, de prendre note de ces faits et d'en informer Son Éminence.

J'ai l'honneur d'être, monsieur l'archidiacre, etc.

Ch. BOYER.
vicaire.

(1) Personne n'a jamais soupçonné M. Buquet d'avoir donné de pareils conseils. Il ne peut pas même y croire. Mais il n'était pas le seul à donner des ordres.

La lettre suivante a été écrite en réponse à une lettre de M. le curé dans laquelle étaient signalés l'insubordination persistante, les récents outrages de M. l'abbé D... contre son curé et contre ses confrères qu'il insultait et provoquait sans cesse, même au moment de monter au saint autel ou lorsqu'ils venaient d'en descendre. M. D... était allé jusqu'à dire en pleine sacristie qu'*il pouvait en moins de vingt-quatre heures faire interdire son curé*. Voici ce que l'autorité fait répondre à de pareilles plaintes :

49.

Archevêché de Paris, 25 mars 1860.

Monsieur le curé,

J'ai vu D... après vous, et je lui ai fait les remontrances que j'ai cru devoir lui faire sur divers points signalés.

J'en ai fait part au conseil, mais *j'ai été chargé de nouveau de vous recommander de le laisser faire son prône à son tour*. Je ne puis croire qu'il en abuse contre vous. Au reste vous me tiendrez au courant.

Veuillez agréer, etc.

L. BUQUET.

50.

Archevêché de Paris, 6 avril 1860.

Monsieur le curé,

... Comme j'ai eu l'honneur de vous le dire, *personne n'approuve les actes répréhensibles* de M. D..., Monseigneur moins que tout autre. MAIS SON ÉMINENCE M'A CHARGÉ DE VOUS RAPPELER ce que je vous avais dit de sa part, QUE SON INTENTION ÉTAIT QU'IL

REPRÌT SON TOUR DE PRÉDICATION. Je ne puis croire que M. D...
s'en prévale contre vous.

Agréez, etc.   L. BUQUET.

VI

**Documents réservés, relatifs à mes premiers diffamateurs,
M. l'abbé M... et M. l'abbé R...**

51.

Une lettre du commissaire de police (en portefeuille).

52.

Une lettre de M. L..., ancien gouverneur de l'île de la Réunion
(en portefeuille).

Paris. — Imprimerie de L. MARTINET, rue Mignon, 2.